山东财经大学学术专著出版计划
山东省社会科学规划研究项目文丛·重点项目

乡村振兴投融资机制及跟踪审计研究

王俊韡　王朝霞 等　著

科学出版社
北京

内 容 简 介

乡村振兴是实现中华民族伟大复兴的基础，是有效解决“三农”问题、实现“两个一百年”奋斗目标的可靠途径。本书分为两篇：第一篇针对相对落后的农村地区，调查S镇的乡村振兴实践，从财政引导、金融支持及社会资金参与等方面，构建多方资金协调运行的乡村振兴投融资机制；第二篇针对乡村振兴项目，实地调查LXG项目的跟踪审计过程，构建并运用风险导向跟踪审计模式，识别、评估乡村振兴项目的风险环节，提出应对措施。

本书的理论分析深入，实地调查丰富，研究结果可靠，对研究生和高年级本科生学习研究方法、构建逻辑体系非常有用，对政府工作人员制定相关政策有一定参考价值，对类似乡村地区或振兴项目发展有现实借鉴意义。

图书在版编目（CIP）数据

乡村振兴投融资机制及跟踪审计研究 / 王俊韡等著. —北京：科学出版社，2021.12

ISBN 978-7-03-066576-8

Ⅰ. ①乡… Ⅱ. ①王 … Ⅲ. ①农村经济-投资机制-研究-中国 ②农村经济-融资机制-研究-中国 Ⅳ. ①F323

中国版本图书馆 CIP 数据核字（2020）第 209130 号

责任编辑：陈会迎 / 责任校对：贾娜娜

责任印制：张 伟 / 封面设计：有道设计

科 学 出 版 社 出版

北京东黄城根北街 16 号

邮政编码：100717

http://www.sciencep.com

北京中科印刷有限公司 印刷

科学出版社发行 各地新华书店经销

*

2021 年 12 月第 一 版 开本：720×1000 B5

2021 年 12 月第一次印刷 印张：11 1/4

字数：226 000

定价：118.00 元

（如有印装质量问题，我社负责调换）

作 者 简 介

王俊韡，女，1979 年生，管理学博士，应用经济学博士后，美国克利夫兰州立大学高级访问学者，现任山东财经大学会计学院副教授、硕士生导师，兼任山东省人文社会科学重点研究基地公司治理研究中心研究员、山东省协同创新软科学研究基地研究员，主要研究方向为资本市场与公司治理、内部审计、乡村振兴。先后主持中国博士后面上项目、山东省社会科学规划重点项目、山东省软科学项目等 5 项，参与国家社会科学、教育部、省级课题十余项。出版专著 1 部，在《经济问题》《中国工业经济》等杂志发表论文二十余篇。

王朝霞，女，1974 年生，会计专业硕士，正高级会计师，国际注册内部审计师，山东省高端会计人才，山东省管理会计咨询专家，山东财经大学研究生校外导师，山东省冶金设计院股份有限公司副院长。长期从事企业财务会计工作，对企业会计实务、财务管理、风险控制、税务筹划和内部审计等，具有丰富的经验和独到的见解。

前 言

中国特色社会主义迈入了辉煌的时代，社会主要矛盾发生了本质变化。2013年精准扶贫政策实施以来，各级政府积极响应国家号召，不断加大财政专项扶贫资金的投入。农村居民可支配收入增长率高于城镇居民，城乡收入比值逐渐下降，农村发展速度快于城镇，但农村的基础薄弱，整体经济发展水平仍然较为落后，青壮年劳动力流失、医疗教育资源匮乏、基础设施不完备、产业结构不丰富等问题严重。

在农村经济发展中，农业十分重要，而农业的发展是一个长期而又系统的工程，其产业发展并不强势，诸多资源都进入非农产业中，乡村基础设施建设和公共产品供给主要由农民自己“埋单”，城乡发展极不平衡。我国虽是农业大国，但对农业资源及科技利用并不充分，农村产权制度改革正在摸索前行，农村防灾抗灾能力仍较薄弱，农村经济动能并没有充分挖掘，农村发展极不充分。

为实现我国全面建成小康社会，促进农民持续增收，缩小城乡居民生活水平差距，维护农民群众根本利益，促进农民共同富裕，习近平总书记在十九大报告中提出坚定实施乡村振兴战略。乡村振兴战略实现了与精准扶贫政策的完美衔接，精准扶贫的重点是“脱贫”，乡村振兴的重点是“振兴”。精准扶贫是乡村振兴的重要前提和基础构成，乡村振兴是持续提升脱贫质量、实现乡村全面振兴的有效途径，二者统筹衔接，致力于解决农村发展不平衡、不充分问题。

乡村振兴战略提出之后，诸多乡村振兴项目投入乡村建设。乡村振兴项目按资金来源可分为三类，即项目由政府出资、项目由社会资本出资、项目由政府和社会资本共同出资。按产业类型可划分为四类：产业振兴型、旅游文化型、生态环保型、地理位置型。本书研究团队调研的 S 镇乡村赋能项目和 LXG 田园综合体项目都属于政府和社会资本共同出资的产业振兴项目。两个项目具有各自的特点，S 镇乡村赋能项目主要是盘活农村资源，振兴农村产业，使农民成为参与主体，项目成功的关键在于投融资机制的良性循环；LXG 田园综合体项目的政府扶持资金和社会资金规模巨大，务必做好项目的内部跟踪审计，防止出现重大不合规及寻租行为。

本书第一篇是乡村振兴投融资机制研究——基于S镇的调查分析。首先分析乡村振兴投融资协调运行机制，再对S镇开展乡村振兴的过程展开调查分析。S镇借助乡村赋能项目，积极开展乡村振兴建设。乡村振兴项目是提升农村生活水平、改善民生、促进社会公共资源均衡配置、缩小城乡差距的重要途径，该项目的成功运行离不开财政资金、金融资金、社会资金，以及农户和村集体的协调配合。探究S镇实施乡村振兴项目的投融资机制，为各省区市中经济相对落后的农村提供实践参考，促进社会稳定和谐，增进广大农民的获得感、幸福感、安全感。

第二篇是乡村振兴项目跟踪审计研究——基于风险导向的LXG项目案例调查。该篇从内部审计的角度进行分析，首先构建适合部分乡村振兴项目的风险导向跟踪审计模式，然后对LXG田园综合体项目展开跟踪审计调查分析。根据深度调查获取的资料，运用风险导向跟踪审计模式对LXG项目风险进行识别，并邀请专家打分评估风险等级，进而提出风险应对措施。该项目的调查结果可以为其他产业振兴项目提供现实借鉴，运用该篇构建的风险导向跟踪审计模式可判断乡村振兴项目跟踪审计过程的风险点，并进行应对。

乡村振兴实践在路上，前方仍有些许迷茫，务必开拓创新，共克时艰，实现中国乡村的全面振兴，助力中华民族的伟大复兴！

目　录

第一篇　乡村振兴投融资机制研究
——基于 S 镇的调查分析

第一篇

乡村振兴投融资机制研究——基于S镇的调查分析

十九大报告提出乡村振兴战略以解决“三农”问题，这对“两个一百年”奋斗目标的实现具有十分显著的推动作用。乡村振兴是实现中华民族伟大复兴的基础，对于广大农村地区，尤其是相对落后的农村地区，单靠财政资金支持是不够的，如何盘活当地资源，形成财政、金融、社会资金的良性循环，让农民高度参与，实现乡村振兴，是政府部门应考虑的重点问题。在此过程中，相对落后的农村地区，尤其是高度依赖农业自然资源的地区，开展乡村振兴的重中之重便是形成健康有效的投融资机制。研究乡村振兴投融资机制就是探讨如何将更多的真金白银投到乡村振兴上，如何更有效地实现多方面资金的协调配合。

本篇从政府引导、金融支持及社会参与等方面着手，研究财政资金、金融资金及社会资金在乡村振兴建设中的投融资运行机制。政府在农村发展中发挥了关键作用，但仅仅靠政府是难以实现乡村振兴的，必须协调运用多种资金来源，构建财政资金引导机制、金融资金动员机制及社会资金对接机制等多方资金协调运行的投融资机制框架，使各投融资主体相辅相成，共同发挥作用以助力乡村振兴。

然后对山东省A市S镇的乡村振兴实践进行深度调查，发现S镇实施乡村振兴战略的根本动力是各方利益都得到了满足。政府及村委会是乡村建设的带头人，激发了农户投身产业建设的高度热情；各类金融机构是振兴项目的坚实后盾，提供了必要的资金支持，同时创新了自身的金融模式；村庄中的大户、企业等是乡村振兴战略实施的核心群体，不仅基于个体利益，追求自我实现，也有着建设和回报家乡的初心和热情；村庄中的小农，既是最重要的参与主体，也是乡村建设主要的惠顾者和受益者，按照意愿参与土地“三化”与“三换”实践，充分利用土地资源，实现土地高效利用。S 镇正是在乡村振兴的旗帜下，出色地实现了财政资金、金融资金、社会资金的协调运行和农户的高度参与，形成了乡村振兴投融资机制的良性循环。

乡村振兴的重点在农村，S 镇的成功可以为相对落后的农村，尤其是高度依赖农业自然资源的农村地区提供宝贵的实践经验。

第1章　研究背景及内容设计

1.1　研究背景

实现乡村振兴战略的保障是投融资机制不断完善，投入大量资金并实现有效利用才能更好地实现乡村建设。我国乡村振兴在投融资阶段还面临着很大困难，目前我国乡村建设主要依靠政府的财政资金支持，供给与需求的不衔接、投资主体和收益主体之间无法达成一致等因素造成了乡村基础设施的短缺及重复建设的浪费现象，致使农村经济得不到根本上的改善，城乡差距依然巨大。针对目前乡村投融资困境，积极拓宽资金筹集渠道，争取将更多的真金白银投到乡村振兴上，完善基础服务设施，打造精品产业，从而充分发挥乡村振兴项目在推进富民、促进投资等方面的综合效益。目前，农村地区的乡村振兴投融资存在以下几大障碍。

（1）政府财政资金额度有限，扶持资金难以获取。由于对乡村振兴的扶持有条件要求，以及当地政府的各种特殊情况，扶持资金的申报和获取都比较困难。

（2）金融机构面临的涉农贷款风险较大，增加了乡村振兴资金的筹措难度。因为自然灾害会对农业产生极大影响，而这类风险是不可控制的，所以对于金融机构而言，必须慎重对待农业贷款的发放，这导致与农业相关的振兴项目资金筹措难度较大。

（3）企业等社会组织的资金压力较大，缺少法定有效的抵押物。例如，企业拿到土地进行经营，会承受很大的资金压力，因为在流转土地上建的厂房等设施没有相关权证，无法抵押贷款。当前，我国农村土地经营权抵押贷款尚处于试点探索阶段。

（4）广大农户缺少可以参股的资本化资产，参与乡村振兴建设的能力和热情有限。农民的收入较低，前期积累少，农村土地资产的确权和收益分配尚没有完全明晰，缺少可入股的资本化资产。

（5）乡村振兴建设周期长、回报低。前期需投入大量资金，导致没有足够的流动资金用于后期周转。大量财力、物力、人力的持续投入是阻碍乡村振兴项目落地的重要因素。

为落实乡村振兴战略，应不断拓宽资金筹资渠道，科学地做好概算；不能套用其他行业的模式，在经济发展新常态下，迫切需要创新农村地区的乡村振兴投融资机制。

1.2 研究内容及方法

1.2.1 研究内容

首先，以乡村振兴投融资机制为研究对象，结合现阶段我国农村经济发展状况，构建财政资金、金融资金及社会资金在乡村振兴建设中的多层次资金协调运行框架。其次，选取实施乡村振兴战略的典型乡村 S 镇，采用实地调查的方法，对各方投融资主体及资金运行情况进行分析；对调查的数据进行整理、评估，分析其存在的问题和产生的启示，为各省区市处于经济落后状态且高度依赖自然资源的农村提供有效借鉴。最后，在理论分析和调查分析的基础上，探讨适合乡村振兴发展的投融资机制，助推乡村振兴战略实施，促进乡村振兴全面实现。第一篇具体内容安排如下。

第 1 章为研究背景及内容设计。阐述本篇的研究背景和意义、研究内容、研究方法和研究贡献。

第 2 章为国内外相关研究。从乡村振兴战略的路径、乡村振兴投融资困境及乡村振兴投融资对策方面进行梳理，为乡村振兴投融资机制研究寻找依据。

第 3 章为乡村振兴投融资机制的内涵及传导机理。首先明确乡村振兴战略、乡村振兴投融资及乡村振兴投融资机制的概念；然后讨论乡村振兴投融资机制的主体及其融合发展，进而分析乡村振兴投融资机制的传导机理。

第 4 章为乡村振兴投融资机制协调运行分析。从财政引导、金融支持及社会组织参与等方面着手，构建乡村振兴背景下的投融资机制框架，促进财政资金、金融资金及社会资金在乡村振兴建设中协调有序地发挥作用。

第 5 章为 S 镇乡村振兴投融资机制调查分析。选取典型乡村 S 镇，对 S 镇的乡村振兴实践进行实地调查，研究其投融资运行机制，分析其存在的问题及得到的启示。

第 6 章为乡村振兴投融资机制完善建议。根据理论分析和案例调查的结果，对乡村振兴投融资机制提出完善建议。

第 7 章为本篇主要结论与研究展望。总结了第一篇的主要结论，对乡村振兴投融资机制做了进一步探讨，对未来研究进行了展望。

1.2.2 研究方法

（1）规范分析法：研究投融资机制的运行机理，对实施乡村振兴战略的方法进行分析，为促进农村经济发展归纳可供选择的投融资路径，为处于经济落后状态下的农村提供有效借鉴。

（2）案例调查法：选取 S 镇进行深度案例调查。为获得一手资料，团队成员通过实地调查收集资料。调查手段不仅有访谈（包括正式座谈和非正式闲聊、拜访等方式），还有公开性观察和非公开性观察，并辅以查阅新闻媒体资料等方式，获得大量与研究主题相关的资料证据，进而对调查资料进行深入分析，归纳可借鉴的实践经验。

1.3 研究贡献

第一，构建了财政资金、金融资金与社会资金协调运行的投融资机制。发挥财政资金的引导机制，通过“引导—虹吸—扩张”链条形式，扩大投资规模；金融资金起着很强的带动作用，建立金融资金的动员机制，在产业链金融、“政银保”一体化及农业产业基金等金融模式下使乡村振兴获得更大规模的金融支持；从思想、利益及激励政策方面实现社会资金的参与机制，在满足各方需求的同时，确保农户、企业利益最大化。同时建立多层次资金的协调机制，从而使财政资金、金融资金及社会资金在乡村振兴建设中协调有序地发挥作用。

第二，S 镇的调查结果能为同类型乡村提供可靠的实践经验。S 镇的经济较为落后且高度依赖自然资源，一直以来拥有“中国草莓之乡”“中国樱桃之乡”等美誉。自乡村振兴战略提出以来，该镇积极贯彻实施多种乡村发展模式，更好地利用土地资源。该镇作为北京 EY 科技有限公司助力乡村振兴的首站，自 2018 年启动乡村赋能工程项目以来，乡村振兴效果显著，已成功打造 S 镇乡村振兴样本间，并逐步将乡村振兴经验推广到全市范围，起到了示范带动作用。因此，S 镇的调查结果能为同类型的乡村建设提供现实依据。

第 2 章　国内外相关研究

自党的十九大以来，关于乡村振兴的研究越来越多。目前学者对乡村振兴的实施路径、乡村振兴的投融资困境、乡村振兴投融资对策等问题已做了部分研究。本章对上述相关文献进行综述，为研究乡村振兴投融资机制寻找依据。

2.1　乡村振兴战略的路径研究

乡村振兴战略必须重视乡村振兴的路径选择。目前，城乡二元结构是我国最大的结构性问题，农业农村发展滞后是其最突出的表现，同时也会阻碍我国社会主义现代化的实现。Ricardo 认为，城乡二元结构和二元经济模型一样具备典型性，随着提倡公平和摆脱贫困的呼声越来越高，通过对乡村理论的有机统一，从而得到城乡协调发展这一思想，使得城乡发展得到进一步协调[1]。Johnson 认为，应选择有发展潜力的乡村培育增长中心，以小城镇为依托，解决城乡空间结构失衡和人口过度集聚等城市问题，推动乡村形成功能经济区[2]。

韩俊认为，从根本上看，乡村振兴就是对城市和乡村之间的关系进行重新塑造，在展开新型城镇化建设的同时致力于乡村振兴工作的开展[3]。刘合光认为，要想实现乡村振兴，应满足以下四点要求：①必须创新当前的各项有关机制；②必须培育更多优秀人才；③必须推动产业发展；④必须重视科技创新工作[4]。罗必良认为，要想实现乡村振兴，不能忽视两个途径：①实现产业融合；②令城市和乡村之间的要素进行流动。其中的关键工作有两个：一是创建新型农业；二是做好城市和乡村之间的分工工作[5]。邸焕双和王玉英认为，不仅需要通过推进一、二、三产业融合发展，促进乡村经济的发展，还要改善农村人居环境，建设优美的生态环境，要重视农民群众的力量，调动农民的积极性与主动性，注重人才的培养，使他们真正参与到乡村振兴的建设中[6]。

另外，乡村振兴战略的实施，财政是其基础和支撑。早在两百多年前，斯密就提出，政府应重视农业投入[7]。闫坤和鲍曙光认为，需加大财政投入力度，更大力度向“三农”倾斜[8]。廖彩英等认为，乡村振兴的保障措施应从国家层面的法律、规划和组织及制度层面的体制机制着手[9]。农业部课题组认为，应加强制度建设，构建财力保障机制，实现互联网全覆盖等基础设施建设，在开发人才资源的同时发展乡村产业[10]。

2.2　乡村振兴投融资困境研究

为加快建设我国农村，除了中央和政府的大力支持外，还需社会资金的投入。自从提出乡村振兴战略以后，越来越多的中小企业加入其中，但是中小企业规模小、缺少抵押物、信息不透明，同时因为当前我国不论是监督管理体系还是资本市场都不够健全，中小企业要想进行贷款并不容易，为解决钱“从哪里来”和“到哪里去”这类问题，中小企业必须对投资、融资途径及模式进行创新，而要达到这一目的，就必须细致深入地研究投融资机制。

投融资机制的建设与农村经济发展并不协调。谌立平和贾金荣认为，需要在政府、金融机构、信用担保等方面创新投融资机制[11]。斯密认为农业不但有利于国民财富的积累，而且有利于经济水平的提升，所以政府必须重视农业发展，优先将资金投入农业而非工业中[7]。舒尔茨提出农业发展必须有财政支持，在支农方面，财政要加大力度[12]。Hu 和 Antle 认为，政府不但要对农业研发工作提供支持，还需要做好相关基础建设工作，从而令农业生产效率显著提升，生产成本大大降低[13]。Coleman 指出，农村的落后，归根结底是教育等公共服务的落后[14]。闫坤和鲍曙光认为，要想实现乡村振兴，就必须充分发挥财政作用，它能够为乡村振兴战略的实施提供基础性制度保障，完善乡村治理体系，提高治理能力[8]。李楚鸿和周波认为，在经济发展新常态下，受供给侧结构性改革和经济下行的影响，财政资金难以持续大幅增长，财政投资缺口会进一步加大[15]。另外，“三农”发展所需资金缺口大，仅靠财政资金难以满足。财政资金多应用于经营性和竞争性领域，如房地产等，更多地流向了城市，偏离了财政支持农村的目的，无偿性的支出更是无法激发金融支农的积极性，从而导致投入乡村振兴的多渠道格局难以形成，财政资金利用效率不高且难以保障。

金融支持是乡村发展的关键动力，目前政府部门、金融机构和中介机构等相关主体尚处于单打独斗、各自为战的局面。由于农村的土地所有权是集体的，即使企业拿到土地搞集约化经营，企业的资金压力也是非常大的，因为企业筹资过程中无法利用土地所有权进行抵押贷款。杨林和王璐认为，当前我国农村土地经营权抵押贷款尚处于试点探索阶段，发展不平衡、不充分与利益失衡问题逐渐显现[16]。彭艳玲等认为，目前中国的农业产业链尚不合理、信用评价和担保体系尚不完善[17]。Fowowe 和 Abidoye 认为，目前小额贷款在助农方面具有较大的作用，如果贷款者的信用贷款金额很小，那么银行无法得到多少收益，而且贫困者并不具备良好的信贷谈判能力，小额贷款对贫困人口的减贫效应只是间歇性的，并不能使其完全摆脱贫困[18]。Newburn 和 Berck 认为，小额信贷的潜在客户仍然严重依赖于非正规金融，由于正规贷款供应有限，国家执行贷款政策能力有限，地方政治和经济分割趋势越来越明显，小额信贷制度本身存在许多缺陷[19]。张林和温涛认为，金融机构为规避风险，存在农业贷款和农户贷款供给不足、农村直接融资渠道不畅、金融产品和金融服务创新力度不足等问题[20]。另外，农发行内蒙古分行课题组认为，国家对地方举债融资、降低企业成本、支持实体经济、防控金融风险提出了更严的要求，这对金融机构的业务产生了很大的冲击[21]。目前而言，中国农村金融的支持体系还不够完善和高效。财政资金要发挥引导作用，引导金融体系支持农业、农村发展。杜婕和万宣辰认为，发达国家的做法提供了很好的思路，由农业信贷体系、农业担保体系和农业保险体系构成了农村金融体系，同时资本市场也是其中的重要组成部分，农产品期货市场、农村土地证券化市场及农业产业发展基金，是扶持农村中小企业的重要资金来源[22]。董翀认为，尽管当前在保险及融资租赁等许多方面都创新了相关制度机制，但仍处于发展初期，缺乏有效监管，农村金融保障机制的配套服务机制仍不健全，这在一定程度上导致了隐性壁垒的产生，从而使金融支持乡村振兴的作用有限[23]。

随着相关政策的引导，城乡居民对美好生活的需求不断增加，中国的农业与农村正向着产品优质、经营高效的方向转型。董翀认为，此时在农业中，社会资金的选择变得更为多元，许多企业家回报乡村的愿望十分强烈，增大了社会资金投入农村的规模，涉及的领域也更加丰富[23]。社会资金利用企业和农户、合作社等充分合作的手段进行农业产业化经营，这对投资和融资机制建设十分重要。当乡村有社会资金进入时，许多稀缺资源如技术资源等也会进入乡村之中，这不但利于乡村对资源的有效配置，而且利于乡村得到许多公共产品。当然也必须看到，虽然此时农民的收入会增加，但是农户与社会资金之间并没有紧密的利益联结。另外，姬超认为，农村治理主体和发展主体的不一致，导致治理主体在事实上的缺位[24]。此外，李楚鸿和周波认为，由于农业投资规模大、周期长、风险特殊，无法有效利用资本市场，加之经营主体参与动力不足，影响了项目和资金效益，也加大了项目建设和运营管护的风险[15]。

2.3　乡村振兴投融资对策研究

针对目前乡村投融资困境，黄寿峰认为，应积极拓宽资金筹集渠道，争取将更多的真金白银投到乡村振兴上，加大金融支农力度，政策性银行和开发性金融机构要结合各自职能定位和业务范围，为强化农村建设提供支持[25]。Burgess 和 Pande 认为，农村金融要支持农村一、二、三产业融合，应该积极配合地方政府的发展思路，在政府主导的基础上进行农村金融产品创新[26]。Jeanneney 和 Kpodar 认为，可采用供应链金融，直接降低信息不对称带来的信贷违约风险，提高贫困人口的信贷可得性[27]。Ho 和 Odhimbo 认为，可通过金融支持，促进农业生产发展，提高农业就业率，推动农业经济增长[28]；Eyraud 等认为，可通过鼓励绿色投资的方式加大金融支农力度[29]，绿色投资受到经济增长的内在推动，关注人与自然和谐共生，促进乡村振兴绿色发展。政府方面，姜长云认为，要规范地方政府举债融资行为，加强对地方政府的监管力度，鼓励地方政府发行一定的专项债券，从而对农村地区的公益项目提供支持。融资平台和企业要抓住返乡创业的契机，利用资金、技术与管理经验投身农业农村发展，投资建设农业科技园区、电商产业园、返乡创业园、特色小镇或田园综合体等[30]。从乡村自身来说，土地流转有利于解决我国农村土地利用细碎化及撂荒、闲置等问题，同时 Timothy 认为，明确产权可提高农民进行土地投资的积极性[31]。在土地经营及承包权改革的背景下，王海娟和胡守庚认为，需要确保承包权足够稳定，村集体能够对土地的经营权进行分散，配合相关制度的建设和完善，共同推动农业发展[32]。

张强等认为，实施乡村振兴需要内外协调发展，既要发挥乡村的内在动力，又要充分利用外部资源[33]。张林和温涛认为，要鼓励政府部门、金融机构和中介机构多方共同参与，或以商业银行为核心，其他组织予以协助的形式，针对农户的信用情况为其提供无抵押贷款，若发生损失，则由保险公司、信用社和政府担保基金按照合同约定比例分摊[34]。要建立长期稳定的资金投入机制，吸引社会资金参与建设。杨世伟认为，可以对公司及金融机构进行鼓励，允许其发行更多绿色债券，也可以通过特许经营、国债及专项债券等方式，为基础设施建设融资，把社会资本和私有资本调动起来[35]。

刘守英认为，应支持农民“带地”入股企业，以股权合作的方式，由企业承包土地的经营权，从事专业化、规模化、集约化经营[36]。张福秀认为，政府应采取多种政策引导农业经济发展，责任制与农业发展制度相结合，把融资风险降到最低，吸引更多的外来资金参与到农业综合开发活动中[37]。

加大资金投入的同时，最重要的是强化资金投入保障。闫坤和鲍曙光提出，构建推进乡村振兴战略的财力保障机制，推进城乡融合发展体制机制建设，强化乡村振兴战略的制度性供给，通过财政引导构建多元共治乡村治理格局[8]。

2.4 文献述评

乡村振兴战略要以城乡融合发展、高质量发展、农业农村优先发展为战略导向，务必要重视乡村振兴的路径选择。现今，城乡二元结构是我国最大的结构性问题，城乡发展差距大。为促进城乡融合发展，应重塑城乡关系，抓住“人、地、钱”三大关键要素，推进一、二、三产业融合发展，注重人才的培养，调动农民的积极性与主动性，促进乡村经济的发展。

目前，受供给侧结构性改革和经济下行的影响，财政资金的缺口加大，农村发展仅靠财政资金难以满足。加之财政资金多应用于经营性和竞争性领域，更多地流向了城市，更是降低了财政资金的利用效率。因为资金具有趋利性，唯有对社会资金进行引导，才能够令其进入农村建设中。财政资金要发挥引导作用，引导金融资金支持农业、农村发展，强化社会资金与农户的利益联结关系，鼓励企业投资建设农业科技园、电商产业园、返乡创业园、特色小镇或田园综合体等农业农村发展的载体，使政府部门、金融机构和社会组织多方共同参与。

现有文献大多是站在政府和金融机构的角度研究乡村建设的投融资渠道及政策建议，鲜有文献研究乡村振兴投融资机制，构建多元主体的投融资运行框架，尤其是针对相对落后、高度依赖自然资源的农村地区的投融资机制研究更少。本篇通过分析投融资机制的主体及行为，构建政府资金、金融资金和社会资金的协调运行机制，并选取相对落后且自然资源丰富的S镇进行实地调查，寻找助力乡村振兴战略实施的现实依据，为处于经济落后状态下的乡村提供有效借鉴。

第3章　乡村振兴投融资机制的内涵及传导机理

本章首先界定乡村振兴战略、乡村振兴投融资机制的内涵，然后针对乡村振兴投融资的主体及行为，讨论投融资主体间的融合发展，最后从乡村建设的不同阶段，分析乡村振兴投融资机制的传导机理。

3.1　乡村振兴投融资机制的内涵

3.1.1　乡村振兴战略

2013年11月，习近平总书记首次提出了“精准扶贫”①，之后“精准扶贫”被作为中国扶贫攻坚战的重要方略。2017年，“乡村振兴战略”在十九大报告中首次被提及，习近平总书记强调战略的总要求是产业兴旺、生态宜居、乡风文明、治理有效、生活富裕②。从“精准扶贫”到“乡村振兴”，我国社会主要矛盾已经转变，城乡发展不平衡、农村发展不充分成为社会矛盾的集中体现，乡村振兴是解决这一矛盾的必要举措。

精准扶贫工作的主要着力点在于“脱贫”，旨在使农村群众不愁吃不愁穿，实现区域性整体脱贫。针对扶贫，我国主要关注的是收入贫困，然而经济扶贫虽满足了贫困人群的基本生活需要，却忽视了他们其他方面的需求。因为贫困是多维度的，既包括无法维持基本生活需要的经济贫困，还包括社会困境造成的医疗、教育水平低下。扶贫政策没有提高贫困地区的教育水平，也没有改善贫困地

① http://www.xinhuanet.com/2019-11/28/c_1125286329.htm。

② http://news.cnr.cn/native/gd/20171027/t20171027_524003098.shtml。

区的交通设施等生活条件，而在乡村振兴战略背景下，扶贫不仅促进农民增收，实现产业发展，还注重乡村社会、生态、文化、生活的全面提升。

乡村振兴的主要目标是“振兴”，重视从根本上解决“三农”问题，激发乡村活力，注重乡村主动性，实现乡村全面振兴。可见，乡村振兴不同于精准扶贫，但是二者在目标上高度重合。总体来看，精准扶贫以城乡融合作为基础和必要条件，扶持贫困地区和贫困人民，而乡村振兴则是在产业融合的基础上对城乡之间各个方面的整体规划，深入农村本质，发挥乡村特有优势，实现一、二、三产业融合发展，使农村的功能、形态和空间依照自己的逻辑和秩序发展。显然，精准扶贫有其内在逻辑，是为特定地区和特定人群服务的，在促进乡村全面振兴方面存在一定的挑战。但是，精准扶贫的成效能够为贫困地区的振兴奠定基础。

3.1.2 乡村振兴投融资

乡村振兴投融资以财政资金支持为引导，以信贷资金支持为核心，以社会资金参与为新动力，将资金投入或导向农村[23]，目的是推进农村经济、政治等方面的建设，从而让农村成为丰衣足食、休养生息的美丽家园。

乡村建设一直是我国投资和金融行业的薄弱环节，与城市建设相比，乡村建设还未形成成熟的投融资模式。从城市发展过程中各种项目设施建设过程来看，在传统计划经济体制下的政府一揽子的投资、建设、管理和运营模式上，其投融资模式日益多样化，国内外投融资模式已有十余种，如政府占主要角色的 BOT（build-operate-transfer，建设–运营–移交或转让）模式、公私合营的 PPP（public-private partnership，政府和社会资本合作）模式、BOO（building-owning-operation，建设–拥有–运营）模式，以及“四自”（自行贷款、自行建设、自行收费、自行还贷）模式等。无论是资金筹集与建设速度方面，还是资金使用效率方面，这些模式都有利有弊，既有老百姓喜欢的一面，也有不利于资金回收的一面。因此，乡村振兴项目建设投融资模式不能生搬硬套城市的做法，要形成多大的规模，以及利益关系的处理都是需要研究探索的问题。

3.1.3 乡村振兴投融资机制

关于投融资机制，早期的研究关注“投融资体制”较多，而近期的研究关注“投融资机制”较多。从 CNKI 数据库搜索关键词“投融资体制”和“投融资机制”，其关注度指数如图 3-1 和图 3-2 所示。

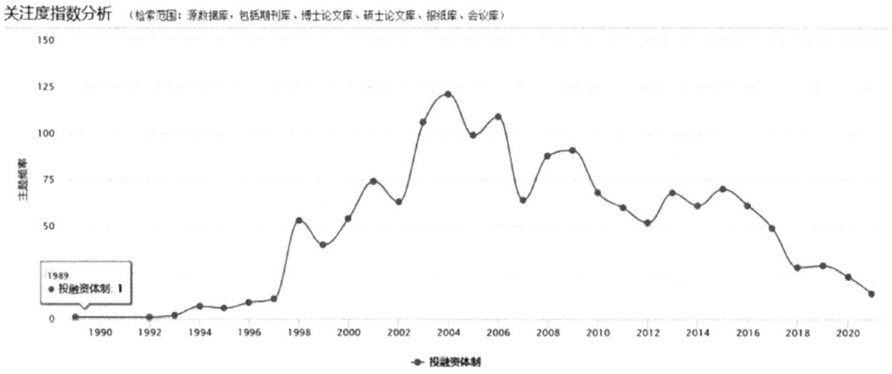

图3-1　投融资体制关注度

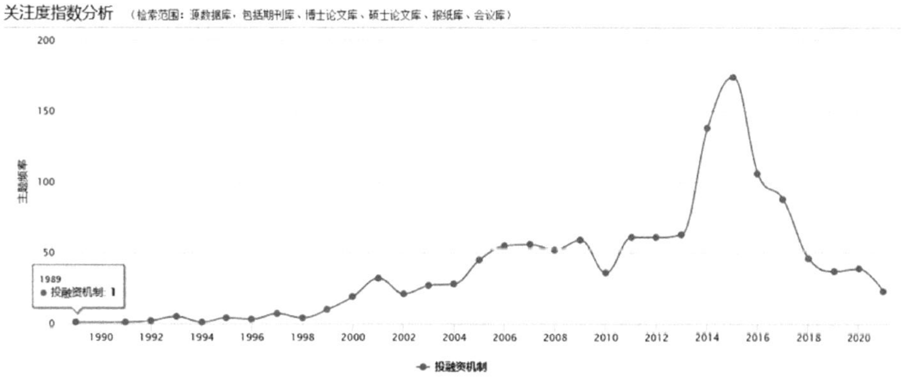

图3-2　投融资机制关注度

投融资体制概念始于我国市场经济体制改革时期。在市场经济改革前，虽有投融资体制概念但缺少投融资内涵，市场经济改革后，人们渐渐重视投融资内涵。关于投融资体制与投融资机制的差异，大多数学者并未区分，常常作为一类总称，将两个名词混用，认为投融资体制的对象是投融资活动，其构成要素有三个，即筹资和使用途径、投资决策结构和具体层次、投资领域相关经济实体的联系情况。具体包含五方面内容：①投资使用手段；②筹资手段；③投资和融资主体的确定；④投资决策流程；⑤宏观调控机制。通过投融资体制，能够实现对资源的良好配置，不论是它的管理机制，还是它的运行制度，都与经济改革各方面息息相关。一些学者认为农村地区的投融资体制有其自身特点，主要由农业投资的五方面构成：①管理手段；②相关投融资运行机制；③资金来源；④投融资主体；⑤组织系统。它指的是在筹措、安排及回收农业资金时，制定的各种制度和原则等。

事实上，“体制”与“机制”有一定的区别。“体制”是指有关组织形式的制度，限于上下之间有层级关系的国家机关、企事业单位，是管理机构和管理规范的结合体或统一体。“机制”是有机体内部组成要素按照一定方式的相互作用实现其特定的功能，重在事物内部各部分的机理即相互关系。

本篇研究的是乡村振兴投融资机制，重在“机制”。具体来说，乡村振兴投融资机制是指为了克服农村地区发展资金需求量大、项目效益与费用预测存在不确定性以及投资的相对低效等弊端，探索促使多元主体采取不同方式将资金投入或导向农村领域所形成的资金融通系统内各个构成要素及其相关参与方的经济行为之间相互作用的方式和过程。换言之，就是在国家宏观经济制度调控下，政府、金融机构及社会组织等投资主体将资金（财政资金、金融资金、社会资金）投入具体的乡村振兴地区或项目（尤其是相对落后、高度依赖自然资源的农村地区），推动各类资金在农村地区及项目中传导和协调运行，促进一、二、三产业融合发展，形成符合乡村振兴发展逻辑和秩序的运行方式。

3.2 乡村振兴投融资机制的主体及其融合发展

乡村振兴投融资机制的主体主要包括政府、金融机构和社会组织（包括企业及个人）三方面，投融资主体影响资金的来源和效率，各投融资主体之间相互融合发展。

3.2.1 乡村振兴投融资机制的主体及行为

乡村振兴投融资机制的主体及其行为可以划分为以下三个方面。第一，政府及其行为——政府为了农村的发展通常会提供财政资金，体现在近年来涉农资金规模的不断增长，不断颁布涉农政策，实现对其他资金的引导支持。第二，金融机构及其行为——政策性金融机构、商业性金融机构、农村新型金融机构组成了农村地区的金融服务体系，为乡村振兴发展提供各种贷款，发挥带动作用。第三，社会组织及其行为——主要分为地方国有企业、第三方组织及农户的投融资行为。其中，地方国有企业投融资行为——地方国有企业积极投入乡村振兴项目的同时，不断发挥其引领作用，推进地方投融资平台转型为服务乡村振兴的市场化国有企业；保险、担保、征信和平台服务商等第三方组织投融资行为——帮助不同主体间相互联系促进，进而实现风险分担、利益共享的目标；农户投融资行为——主要包括三方的投资行为，分别是农村地区各种公司、村集体、农户。

当前的投融资中，首先需要完成融资工作，明确融资渠道，这是投融资能够成功运行的决定因素。自从乡村振兴战略施行以来，越来越多的资金愿意投入农业发展中，掀起新一轮的农业农村投资高潮。以政府财政资金为例，乡村振兴战略提出之后，在农村领域的投入方式有预算内拨款、财政补贴、财政支农资金、农业综合开发，以及重要支农资金的配套投入、财政贴息等。具体投入领域表现为：第一，培育农村市场；第二，建立城乡统一的公共服务体制，如义务教育体制、医疗制度等；第三，支持农村和农民的长远发展，改变长期以来落后的思维方式；第四，加大对龙头企业的资金支持力度；第五，加强农村基础设施建设，改善农民生活质量。总之，农村投资环境的不断优化，以及财政资金的抛砖引玉，有利于引导和撬动更多金融资金和社会资金投入，有利于乡村振兴投融资机制的运行。

3.2.2 乡村振兴投融资主体间的融合发展

乡村振兴投融资机制是各投融资主体及其行为之间不断反馈的过程。因此，政府、金融机构及社会群体在机制运行过程中不是独立存在的，而是相互融合、协调运行的，故构建多元化投融资主体间的融合发展机制是非常必要的。

首先，政府“当理而后进，审势而后动”，既有所为也有所不为，从而带动农村经济的发展。一是组织竞争性市场，让所有要素自由流动。打破各种市场的垄断，消除国家对农产品特别是粮食产品流通的垄断，建立农产品贸易体系；改革农村户籍制度，确保农民自由流动。二是完善公共支持体系结构从而改善市场功能。建立真正有助于解决农业、农村、农民问题的农村金融体系，投资道路桥梁等基础设施建设。三是进行农村土地产权制度改革，并鼓励农民进行创新。从实践的角度来看，土地制度改革是决定农民能否拥有技术变革驱动力的主要因素，也是农村社会经济结构变革的基础。农户家庭是我国农业基本经营组织形式，但其对土地没有合理预期。究其原因，一是承包制土地所有权关系不明确，使用权不稳定且缺乏规范的土地出让制度，“三权分置”尚未完全实现；二是农村宅基地的占有权、使用权、收益权的“三权分立”没有完全到位，需要农村宅基地的确权发证；三是农村集体建设用地，应采取公开规范的方式转让。总之，必须进行农村土地产权制度改革，规范土地的定价、流转及担保。

其次，金融机构当因时而动，发挥政府和市场在金融资源配置中的决定性作用。金融机构提供的资金是市场运行的血液，这对乡村振兴建设同样有效。乡村振兴需要大量真金白银，而当前广大的中国农村最大的问题就是缺少启动资金。

虽然农村的自然资源丰富，但由于缺乏担保物、自然风险较大等原因，难以获得较大额度的金融支持。在乡村振兴战略实施的当下，金融机构应该充分利用政府的引导和担保功能，积极与农业企业、保险公司、农户合作，探索产业链金融、“政银保”一体化、农业产业基金等创新金融模式。市场经济确立了权利平等，并以最低的成本准确地划分了人民利益的界限，产生了空前的激励效果并引起生产力增加[38]。市场经济强调主体的独立、自由、权利和平等，这赋予了金融机构配置资源的积极性，从而令金融机构的行为更加市场化和效率化。

最后，鼓励社会组织参与乡村振兴建设。市场和国家在促进经济发展中的作用是互补的。市场通过价格机制和竞争机制自发地调节生产和消费，以最大限度地提高社会和经济福祉，但是市场无法最大化所有经济活动，即发生市场失灵。市场失灵的最突出表现是它不能提供公共物品。然而，政府也会出现失灵。如果信息是充分的，不存在交易成本，公民与政府之间的代理机制能如实实施，那么以恰当的方式组合市场和政府可以为经济发展提供适当的基础[39]。但由于存在信息不完全，尤其是发展中国家的信息不完全，故普遍存在国家和市场的失灵。因此，为了减少市场和国家失灵，需要诸如“在加强人际关系和相互信任的基础上引导社会成员自愿合作的组织”之类的社会组织。社区信任关系是通过长期多次交易产生的，可以有效地抑制合同双方的败德行为，节省交易成本，促进成员之间的合作。

政府、金融机构及社会组织的融合，能够加快社会监督体系建设，改善各种利益相关者的政治参与机制，疏通各种利益渠道表达，建立多主体参与和积极协作的监督网络体系。个人以及非政府组织、企业、社会公众等社会团体的共同参与，为乡村振兴投融资机制建设充分发挥各自力量。

3.3 乡村振兴投融资机制的传导循环分析

乡村振兴投融资机制是多个过程组成的传递链，整个传导过程由投融资制度安排、投融资决策规则、投融资流向、投融资结构、产业结构、乡村振兴建设等环节组成。在整个传导过程中，各投融资主体发挥的作用不同。乡村振兴投融资机制在乡村振兴建设中的不同阶段，其传导循环机理也不同[40]。

3.3.1 第一阶段传导循环分析

在乡村振兴建设的第一阶段，投融资制度安排决定投融资决策规则，从而影响投融资流向，政策导向、市场投融资决定机制、具体调控手段共同影响投融资决策规则，而投融资决策规则影响投融资流向，如图 3-3 所示。

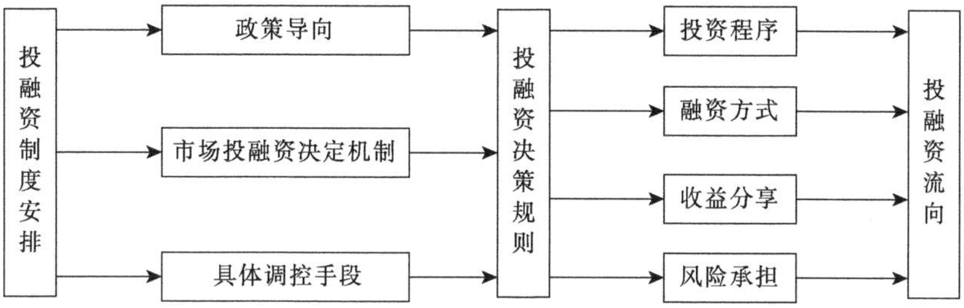

图 3-3　乡村振兴投融资机制第一阶段传导循环

乡村振兴建设的第一阶段有其明显的要求和特点：第一，除了下达财政政策并作为制度引导者的政府以外，还须将其他三类主体引入其中，分别是金融机构、个人和企业。乡村建设的重要支撑是金融体系，同时政策性金融机构又在该体系中占据主导地位，政策性金融机构为乡村振兴工作的开展提供支持，带动商业性金融机构投入资金，使乡村振兴获得更大规模的金融支持。个人和企业代表社会资金的参与，在政策引导和金融机构的带动下，乡村振兴战略任务深入人心，促使个人和企业实现有序参与。第二，对于投融资传导循环而言，市场投融资决定机制是其最大特点，它不但能够影响投融资决策规则，而且能够影响相关制度的安排。乡村振兴政策的出台，促使许多乡村振兴投资项目出现，通过明确这类项目的融资手段和流程，确定其风险和收益，做出投融资决策，引导投融资流向。在这一阶段，不论是政府的宏观调控方式还是相关经济制度政策都是辅助者，只能对两方面政策进行间接引导，一是货币政策，二是财政政策，这是投融资传导循环特点之一。在当前的市场经济体制中，从选择融资项目开始，到完成融资目的为止，不仅要耗费许多交易成本，还存在一定的道德风险。因此，成本支出也是这一阶段的机理特点。

3.3.2　第二阶段传导循环分析

乡村振兴建设的第二阶段，投融资流向决定投融资结构，从而影响产业结构，见图 3-4。

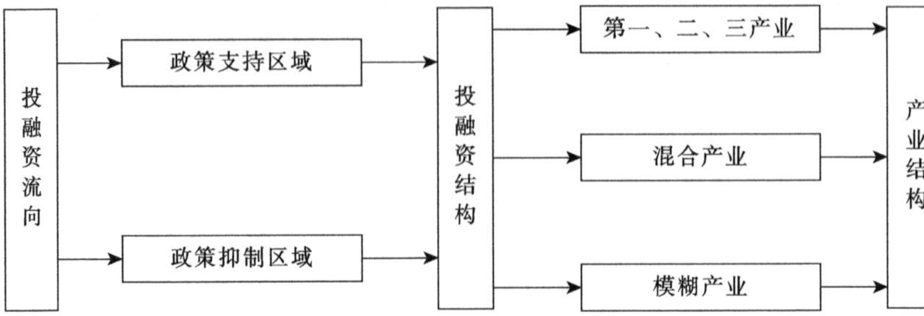

图 3-4 乡村振兴投融资机制第二阶段传导循环

在这一阶段，从投融资结构开始，到产业结构为止，这个过程中所需时间是决定投融资流向到确定产业结构时间长短的决定因素，这便是此阶段主要机理特点之一。乡村振兴战略既有政策支持发展的区域，也存在政策抑制区域，这就决定了乡村振兴投融资结构，政策允许的事情积极引入，如鼓励发展田园综合体、特色小镇等，从根本上决定了乡村的发展方向。依据政策引导，金融机构也开发了具有针对性的金融产品，这对于农村地区的产业融合具有积极作用，商业性金融机构因地制宜开创服务的方式，加上相关政策措施的完善，促进了农村产业化发展。同时，由于企业涉农的政策激励，企业与农户或政府相结合，形成了多样的产业化经营模式。因此，多元化的投融资结构促使形成多元化的产业结构。这一阶段的第二个机理特点是，可以通过产业结构是否具备合理性对调控方式及相关政策是否具备合理性进行验证。在该阶段，宏观调控方式的具体表现有许多，主要包括两方面：一是进行间接性引导，鼓励政策性银行、商业性银行将资金注入农村，以及将企业与农户或是政府相结合，吸引各类投资公司与保险企业等投资于农村基础设施建设；二是进行直接干预，也就是政府直接对接农户，对农户进行补助或是按照农户意愿分配土地等。如果该阶段的产业结构具备合理性，则表明该阶段的宏观调控方式及相关政策是合理的。

3.3.3 第三阶段传导循环分析

在乡村振兴建设的第三阶段，因为经济目标会受到社会供求的影响，所以政府对调控方式及相关政策进行调整和优化，同时把这些调控方式和相关政策放到制度安排里去，具体情况见图 3-5。

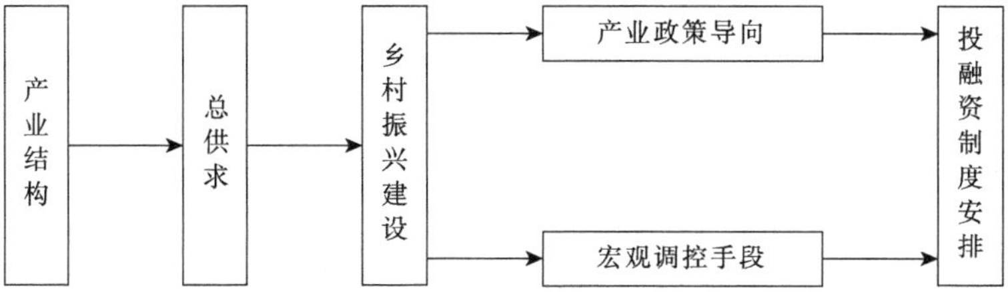

图 3-5　乡村振兴投融资机制第三阶段传导循环

在这一阶段，乡村振兴投融资机制传导机理的客观性十分明显，因为每个村镇的实际情况存在差异，村民的需求也不尽相同，所以制定各项政策的目的是促使村民将眼前利益和长远利益结合，更好地处理权利与义务的关系，从而推进农村地区的投入政策，优化投融资结构。随着乡村建设的步伐不断加快，政策影响着乡村的社会风俗及法律环境，久而久之，村民、企业等各方利益得到满足，农民行动积极性增加，从而真正实现乡村振兴。

通过对投融资传导循环的阶段性分析，可以发现乡村振兴投融资机制运行过程中，政府在各个阶段的调控力量并不一致，主要集中在第一阶段。到了第二阶段，因为投融资流向基本已经定型，所以政府调控力量开始变弱，当政府施加调控时，产业结构会更快定型。到第三阶段时，产业结构完全定型，调控已经无法发挥作用。因此，在第一阶段，资金流为主要现象，它指的是在这一阶段资金会不断流向项目。其他两个阶段的主要现象是技术信息及物质的流动，它们都可以成为政策载体。在投融资传导循环过程中，既有主观过程，也有客观过程。前者指的是传导循环能够受到政府等的影响，后者指的是传导循环此时已定型，政府等已经无法对其产生影响。可以发现，政府能够发挥作用的主要有两部分，即第一阶段和第三阶段后半部分。

乡村振兴建设涵盖了农村发展的方方面面，财政活动能够使社会公共需求得到更好的满足，有关乡村振兴各类财政政策的制定能够从根本上指导乡村振兴投融资机制的运行。根据政策的引导，与乡村振兴有关的投资项目相继出现，依据投资决策规则判断投资项目的可行性，投融资流向与结构继而发生改变，金融资金与社会资金相继投入，从而影响产业结构，带动一、二、三产业融合发展。政府根据经济需求变动和乡村振兴实践需要，通过宏观调控及产业政策对投融资制度进行优化。乡村振兴投融资机制再次发生传导循环，产业兴旺、乡村振兴逐步实现。

3.4 本章小结

十九大报告提出实施乡村振兴战略，“农业农村农民问题是关系国计民生的根本性问题，必须始终把解决好‘三农’问题作为全党工作重中之重。”①因此，要想发展好我国经济，要想使我国人民幸福度提高，就必须关注“三农”问题，重视农业发展，振兴乡村，提高农户收入。乡村振兴战略不同于精准扶贫战略，精准扶贫以扶贫为主，而乡村振兴则是为了解决“三农”问题，实现乡村全面振兴。

乡村振兴投融资机制就是为了使各方最有效率地进行投资，由投融资主体共同组成一个全程运作的机制，只有各参与者的投入、作用和收益相互平衡[41]，乡村振兴建设总体效率才最优。乡村振兴投融资机制旨在探索多元投融资主体采取不同方式参与乡村振兴所形成的资金融通系统及系统内要素间的作用方式。

乡村振兴投融资机制是投融资主体间的相互反馈融合发展。政府通过财政政策及拨付财政资金，引导金融机构投入金融资金，再由金融资金带动社会资金参与，三方面主体共同为乡村振兴发展扩充力量。多元投资主体间的协调共赢，形成符合乡村振兴发展逻辑的运行机制。政府发挥政策指导和制度规制功能，金融机构发挥带动功能，社会组织积极参与乡村建设。政府、金融机构及社会组织有效融合，为乡村振兴投融资机制建设贡献力量。

乡村振兴投融资机制是多个过程组成的传递链，其传导循环机理贯穿乡村振兴建设的不同阶段。在第一阶段，投融资制度安排通过政策导向、市场投融资决定机制、具体调控手段三方面决定投融资决策规则，进而影响投融资流向；在第二阶段，投融资流向决定投融资结构，通过政策引导和金融机构的带动以及社会资金的参与形成多元化的投融资渠道，促进农村产业化的发展，从而影响产业结构；在第三阶段，政府根据经济目标和社会供求的变化，结合乡村振兴实践需

① 十九大报告原文：实施乡村振兴战略。农业农村农民问题是关系国计民生的根本性问题，必须始终把解决好“三农”问题作为全党工作重中之重。要坚持农业农村优先发展，按照产业兴旺、生态宜居、乡风文明、治理有效、生活富裕的总要求，建立健全城乡融合发展体制机制和政策体系，加快推进农业农村现代化。巩固和完善农村基本经营制度，深化农村土地制度改革，完善承包地“三权”分置制度。保持土地承包关系稳定并长久不变，第二轮土地承包到期后再延长三十年。深化农村集体产权制度改革，保障农民财产权益，壮大集体经济。确保国家粮食安全，把中国人的饭碗牢牢端在自己手中。构建现代农业产业体系、生产体系、经营体系，完善农业支持保护制度，发展多种形式适度规模经营，培育新型农业经营主体，健全农业社会化服务体系，实现小农户和现代农业发展有机衔接。促进农村一二三产业融合发展，支持和鼓励农民就业创业，拓宽增收渠道。加强农村基层基础工作，健全自治、法治、德治相结合的乡村治理体系。培养造就一支懂农业、爱农村、爱农民的“三农”工作队伍。

要，通过宏观调控及经济政策优化投融资制度。投融资制度进入二次循环，以此往复，不断优化。

总而言之，乡村振兴是一项复杂的系统工程，涉及乡村的各个方面，同时政府、金融机构及社会组织的作用贯穿投融资机制整个过程。本篇接下来将从财政、金融及社会资金三个角度，分析乡村振兴投融资机制的协调运行，构建多主体多方式参与的乡村振兴投融资机制框架。

第 4 章　乡村振兴投融资机制协调运行分析

政府在解决“三农”问题及农村发展方面发挥了关键性的作用，如财政涉农资金支持及政策性金融的投入，但如果仅仅依靠政府的财力支持，实现乡村振兴是远远不够的。因此，需要构建一个多主体多方式参与的投融资机制框架来指导乡村振兴的投融资运行。该框架的总体思路是通过“引导—虹吸—扩张”的效应链条实现财政资金的引导作用，不断健全农村金融体系，使得各个投融资主体之间相互协调、相辅相成，实现“以财政资金为导向，以金融资金为支柱，以社会资金为助力，以农户和集体劳动积累为基础”的多方式参与投融资格局，形成总体高效率协调运行的投融资机制。

4.1　乡村振兴投融资机制运行状况

4.1.1　财政引导持续发力

我国的政府财政资金、金融信贷资金及社会民间资金共同构成了农村基础设施投资总量。政府财政资金，是国家财政用于农业的支出，如农业生产发展资金、农业资源生态保护资金等；金融信贷资金，指的是金融机构在农业方面投入的贷款；社会民间资金，指的是农业公司抑或是农民在农业生产中的投资资金。

如表 4-1 所示，2013~2018 年国家财政用于农业、林业、水利的支出快速增长，扶贫支出呈现增长趋势，自 2013 年的精准扶贫至 2017 年的乡村振兴，我国在扶贫方面的支出显著增加，从 2013 年的 841.0 亿元至 2018 年的 4 863.8 亿元，增长了 4 022.8 亿元，增长了近 5 倍。

表 4-1　2013~2018 年国家财政用于农业、林业、水利等的支出　单位：亿元

年份	农业	林业	水利	扶贫	农业综合开发	农村综合改革
2013	5 561.6	1 204.3	3 338.9	841.0	521.1	1 148.0
2014	5 816.6	1 348.8	3 478.7	949.0	560.7	1 265.7
2015	6 436.2	1 613.4	4 807.9	1 227.2	600.1	1 418.8
2016	6 458.6	1 696.6	4 433.7	2 285.9	616.6	1 508.8
2017	6 194.6	1 724.9	4 424.8	3 249.6	571.2	1 486.9
2018	6 156.1	1 931.3	4 523.0	4 863.8	575.6	1 530.3

资料来源：《中国农村统计年鉴》

农业是支撑国民经济建设与发展的基础产业，因此农业投资是我国财政对乡村地区投资的重要部分。狭义的农业仅指种植业，国家财政十分重视粮食作物、经济作物、饲料作物和绿肥等农作物的生产，2013~2018 年大部分资金被用到了农业之中。在开发农业资源时，通过设置农业综合开发资金，为农业生产提供良好的生产条件，优化农业和农村经济结构，提高农业的综合生产能力。投资额自 2017 年起有所回落，主要是因为农业综合开发包括的土地治理项目和产业化经营项目存在难题，农业综合开发难以进行，政府缩减资金投向扶贫。

总之，我国农业农村基础设施建设加快，水利、交通、邮政等基础设施水平不断提升，为乡村发展奠定了坚实基础。具体来说，2018 年底，我国在水利方面投入了 4 523.0 亿元，不但投资结构更加科学，在重要水利工程建设等方面也投入了更多资金。在交通建设方面，2016~2018 年，全国新改建农村公路 90.67 万千米，完成 3.2 万个行政村主干道路硬化建设。为统筹优化农村投递网络、路线及人员，投入约 9.5 亿元，增设投递道段 3 042 条，增配投递车辆 3 159 辆，增加乡邮员 5 697 人。越来越多的行政村村民足不出村就可以收到邮件包裹，满足人民群众在邮政等方面的多种生产生活需求。

目前涉农专项资金主要有农业生产发展资金、农业资源生态保护资金及农业综合开发资金等 11 大专项，明确规定资金用途，投资涉农水利工程、农业生产发展、农业可持续发展等基础设施建设。国家对涉农资金推进“大专项+任务清单”管理模式，赋予县级政府部门施策和统筹的自主权和灵活度，使县级政府部门在完成涉及国计民生事项、重大规划任务的同时，根据农业具体发展情况，合理使用大专项资金。对于行业之间的涉农项目统筹规划，将性质相同、用途相近的资金纳入同一资金池。

乡村振兴基金发展得如火如荼，全国各地都在筹备乡村振兴基金，成立乡村振兴基金正在成为各地区实施乡村振兴战略的重要抓手。乡村振兴基金主要由三部分构成，即政府产业引导基金、上市公司产业基金和乡村产业发展基金。政府产业引导基金的运作重点在于如何运用政府产业引导基金做区域性投资基金；上

市公司产业基金是与上市公司结合的产业基金，如在高标准农田建设中，与核心农业上市公司合作；乡村产业发展基金是以农村集体建设用地流转为依托，形成类似房地产性质的产业发展基金。这三类基金也可以相互结合，以政府产业引导基金为主体，整合其他两类基金形成混合基金，形成第四种基金方案。

4.1.2 金融资源不断增多

最近几年来，通过不断努力，我国农村地区进一步健全了自己的金融服务系统，不论是农业保险，还是股票等融资，不论是涉农贷款，还是期货市场，都取得了不错的成绩，此时我国广大农村地区正在形成这样一个格局，即三类金融功能有机结合，互相弥补。这三类金融，一类具备合作性特点，一类具备商业性特点，一类具备政策性特点。另外，农村地区的支付及信用系统变得更加健全，当地产业融合在金融的大力支持下呈现良好发展势头[42]。

当前，不仅仅是与农业相关的信贷金额在上升，农村地区金融机构和银行业在以下两方面也实现了同步上升：一是整体资产；二是整体负债。例如，在 2015 年，农村地区金融机构的整体资产及负债分别为 25.66 万亿元、23.74 万亿元，到了 2018 年，该机构的整体资产及负债分别上升为 34.58 万亿元、31.88 万亿元。在银行业中，不论是资产方面，还是负债方面，这类机构的占比都大约为 13%（表 4-2）。

表 4-2 2015~2018 年农村金融机构资产负债情况表

年份	总资产			总负债		
	年末余额/万亿元	比上年同期增长率	占银行业金融机构比例	年末余额/万亿元	比上年同期增长率	占银行业金融机构比例
2015	25.66	16.01%	12.87%	23.74	15.91%	12.89%
2016	29.90	16.51%	12.87%	27.72	16.75%	12.91%
2017	32.82	9.78%	13.00%	30.40	9.64%	13.05%
2018	34.58	5.36%	12.89%	31.88	4.89%	12.93%

注：农村金融机构包括农村信用合作社、农村商业银行、农村合作银行和新型农村金融机构（村镇银行、贷款公司和农村资金互助社等）。表中总资产和总负债的年末余额是近似数值，增长率和比例则使用了官网公布数据，故计算结果略有差异

资料来源：中国银行保险监督管理委员会网站

另外，如果要振兴乡村，在建立金融系统时就必须结合农村实际，此时建立普惠金融系统就是一个良好选择[43]，而要想实现金融普惠，必须令政策性金融和商业性金融作为补充。尽管农村地区总共现存 41 家由中国银行保险监督管理委员会正式批准设立并有金融业务许可证的农村资金互助社（2020 年 3 月末，全国累计组建农村资金互助社 49 家，其中，已有 8 家由于不同原因先后依法解

散）①，却出现了超过 6 万家农村自发成立的合作金融组织，如合作社中的信用互助组织等。尽管这些组织并非正规组织，但是它们不但能够帮助贫困户走出资金短缺困境，对于农户通过生产发展增收也十分有利[44]。

本研究团队在分析 2018 年《中国金融年鉴》时发现，截至 2017 年底，我国农村金融机构（包括农村信用合作社、农村商业银行、农村合作银行、村镇银行）达 5 982 家，在这些机构中工作的人员达 950 923 人，具体见表 4-3。截至 2017 年底，全金融机构涉农贷款余额为 309 547 亿元，其中，农村信用合作社、农村商业银行、农村合作银行、村镇银行的涉农贷款余额分别为 23 813 亿元（占比 7.69%）、64 355 亿元（占比 20.79%）、1 478 亿元（占比 0.48%）、6 343 亿元（占比 2.05%），四者合计 95 989 亿元（合计占比 31.01%）；大型银行（全称：中资全国性大型银行）涉农贷款余额为 112 910 亿元（占比 36.48%），中型银行（全称：中资中型银行）涉农贷款余额为 75 568 亿元（占比 24.41%）②，具体见表 4-4 和图 4-1。可见，在广大农村地区，农村金融机构是涉农贷款投放的主力，其资金规模、比例超过了中型银行，与大型银行接近，农村金融是乡村振兴的工作重心。

表 4-3　农村金融机构情况（截至 2017 年底）

金融机构	从业人数/人	法人机构数/家	营业性网点/个
农村信用合作社	254 973	965	24 262
农村商业银行	602 849	1 262	55 857
农村合作银行	11 580	33	1 139
村镇银行	81 521	3 722	4 716
合计	950 923	5 982	85 974

资料来源：《中国金融年鉴 2018》

表 4-4　金融机构本外币涉农贷款规模（截至 2017 年底）

金融机构	金额/亿元	占比
大型银行	112 910	36.48%
中型银行	75 568	24.41%
农村信用合作社	23 813	7.69%
农村商业银行	64 355	20.79%
农村合作银行	1 478	0.48%

① 资料来源：中国银行保险监督管理委员会网站。

② 大型银行包含中国工商银行、中国农业银行、中国建设银行、中国银行、国家开发银行、交通银行、中国邮政储蓄银行；中型银行包含全国范围股份制商业银行、中国进出口银行、中国农业发展银行、北京银行、上海银行、江苏银行等。

续表

金融机构	金额/亿元	占比
村镇银行	6 343	2.05%
小型非农村金融机构	—	—
全金融机构（总计）	309 547	100%

资料来源：《中国金融年鉴 2018》

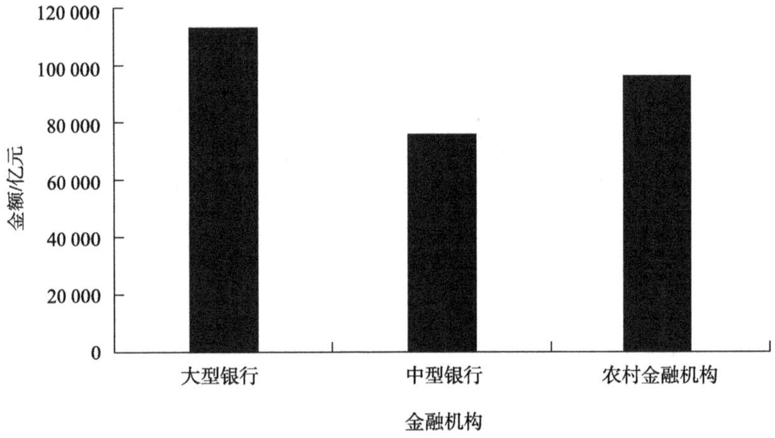

图 4-1　金融机构本外币涉农贷款规模（截至 2017 年底）

资料来源：《中国金融年鉴 2018》

当然必须看到的是，在农村地区发展金融时，以往的银行一直以来就存在许多不足，这些不足是先天性的。首先因为银行在给贷款方提供信贷时偏爱低风险，而如果贷款给农民、个体户及小公司，会面临较大风险，所以贷款不会向这些群体和组织倾斜，实际上农村地区的“三农”信贷被三类低风险的公司占据，这三类公司分别是房地产公司、县级公司、建筑公司。截至 2017 年底，农村信用合作社和农村商业银行的“三农”信贷投放额分别为 43 966 亿元和 102 273 亿元，远高于农村合作银行（2 645 亿元）及村镇银行（11 604 亿元），农村信用合作社和农村商业银行的农村（县及县以下）贷款投放占比分别为 48.81%和 55%，见表 4-5 和图 4-2。此外，农村金融机构投向农林牧渔和农户领域的贷款，也多是贷给了大型农场、龙头农业企业。在“三农”领域，银行依旧是“锦上添花”而非“雪中送炭”。

表 4-5　农村金融机构“三农”信贷投放额（截至 2017 年底） 单位：亿元

金融机构	农林牧渔业贷款	农村（县及县以下）贷款	农户贷款	合计
农村信用合作社	9 415	21 459	13 092	43 966
农村商业银行	15 689	56 254	30 330	102 273

续表

金融机构	农林牧渔业贷款	农村（县及县以下）贷款	农户贷款	合计
农村合作银行	646	1 212	787	2 645
村镇银行	1 995	5 667	3 942	11 604
合计	27 745	84 592	48 151	160 488

资料来源：《中国金融年鉴 2018》

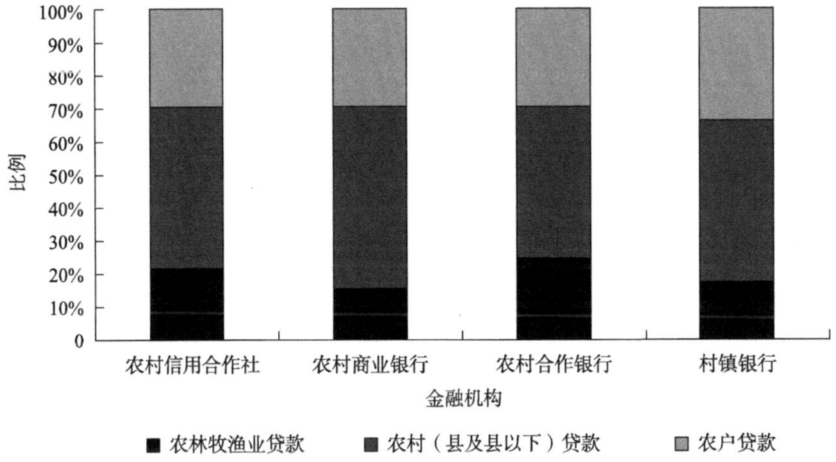

图 4-2　农村金融机构“三农”信贷投放比例（截至 2017 年底）

资料来源：《中国金融年鉴 2018》

4.1.3　社会资金参与规模不断扩大

社会资金的持续注入是推动乡村振兴战略的重要力量，可以说乡村地区的人才、技术的流入都需要社会资金的带动，此外，社会资金的投入也有助于农村资源配置的优化，有助于公共产品的供给与补充。

涉农政策不断引导社会资金投入，产生的政策激励效应明显，观察 2007~2017 年中央财政下发的农业补贴（图 4-3），2012 年达到了峰值 1 668 亿元，是 2007 年的 3 倍多，2012 年后便趋于稳定，基本维持在 1 600 亿元左右。国家持续发放惠农补贴，逐利动机促使企业加入乡村振兴的队伍中来，加之对环保要求严格及去产能政策，位于产业链低端的制造业企业的利润处在下滑阶段，因此这些企业更容易将经营方向转向农村。投资于农村建设的社会资金往往具有比较稀缺的经济资源，如人才、资金和技术等，企业在提供产品或服务的过程中不断积累经验，提升“干中学”的知识积累和溢出效应。除此之外，工商企业家的社会责任感也不断得以提升，乡土情怀也使得许多企业家选择在农村地区实现自身价值。这为乡村地区注入了越来越多的社会资金，社会资金在乡村地区使用的领域也越来越宽。

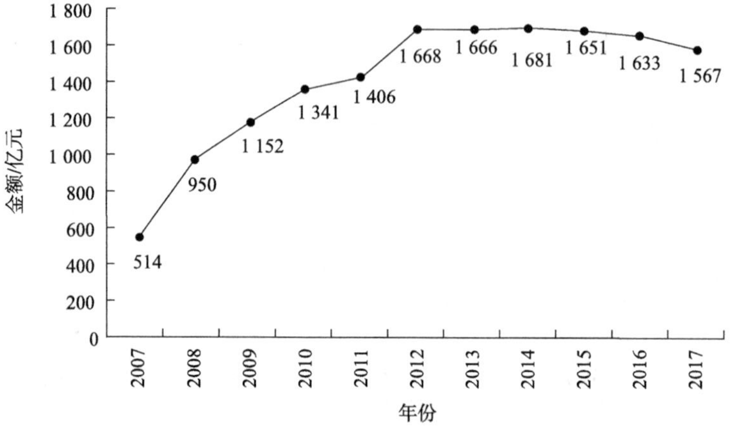

图 4-3 2007~2017 年中央财政下发的农业补贴

资料来源：董翀．乡村振兴投融资保障机制研究[J]．中国延安干部学院学报，2019，12（4）：119-127

近几年以来，农村地区注入了越来越多的社会资金。从表 4-6 中可以看出，2013~2017 年，全国农村家庭承包耕地流转面积逐年增加，流转入农户的耕地面积稍有增长且比重呈下降趋势，而流转入合作社、企业和其他主体的耕地面积和比重都呈增长趋势，表明农村吸引了越来越多的社会资金。加之新业态在乡村地区的发展，一、二、三产业呈现融合发展趋势，单一性不再是农业生产的主要特征，农村地区的产业化发展也包括基础设施的建设、生态环境的修复等。现在，农村地区的社会资金主要运用在农业产业化发展中，还有许多工商资本投放在休闲旅游和农产品加工上。

表 4-6 2013~2017 年农村家庭承包耕地流转情况

年份	全国流转状况		流转入农户		流转入合作社		流转入企业		流转入其他主体	
	面积/亿亩	增长	面积/亿亩	占全国比重	面积/亿亩	占全国比重	面积/亿亩	占全国比重	面积/亿亩	占全国比重
2013	3.41	22.5%	2.06	60.3%	0.69	20.4%	0.32	9.4%	0.34	9.9%
2014	4.03	18.3%	2.35	58.4%	0.88	21.9%	0.39	9.6%	0.41	10.1%
2015	4.46	10.8%	2.62	58.7%	0.97	21.7%	0.42	9.5%	0.45	10.1%
2016	4.79	7.3%	2.80	58.4%	1.03	21.6%	0.46	9.7%	0.50	10.3%
2017	5.12	6.9%	2.94	57.5%	1.16	22.7%	0.51	9.8%	0.51	10.0%

注：1 亩≈666.67 平方米；2015 年数据根据 2016 年流转情况倒推计算，表中数值使用了参考资料中的数据结果。参考资料中的数据来源为国家统计局官网数据，其中面积是近似数值，增长和比重是国家统计局公布的数值

资料来源：2017 年农村家庭承包耕地流转情况[J]. 农村经营管理，2018，（10）：20；2016 年农村家庭承包耕地流转及纠纷调处情况[J]. 农村经营管理，2017，（8）：40-41；2014 年农村家庭承包耕地流转情况[J]. 农村经营管理，2015，（6）：40；2013 年农村家庭承包耕地流转情况[J]. 农村经营管理，2014，（5）：42

4.2　财政资金的引导机制和实现机制分析

4.2.1　财政资金的功能

公共财政，就是指政府性质的收支活动，这笔费用通常被运用在社会公共服务中，为了使社会公共需求得到更好的满足，需要以市场经济作为基础。市场经济，就是指在进行社会资源配置的时候，坚持市场机制的基础地位。许多理论实践表明，在进行市场配置的时候，应该坚持效率优先的原则，计划的重要性应该排在效率之后。此外，有一些问题不是单单依靠市场就可以解决的，因为市场机制也有可能出现失灵的情况，克服市场失灵的有效方式就是依靠政府的力量。市场经济是公共财政的立足点，之所以存在财政制度，从根本上说，就是因为市场可能出现失灵。大部分财政活动都是围绕公共产品展开的，财政活动的目的是使社会公共需求得到更好的满足，而公共选择是财政决策时的一项十分重要的政治过程。通常，公共财政功能可以被分成以下四点：一是向社会提供公共劳务或者用于公共产品建设；二是促使竞争环境更加有序；三是规范非价值性物品；四是对收入分配进行调节，使经济实现稳定发展。

财政资金有助于社会资源的整合和社会功能的拉动，它对社会所产生的影响以放射性形态呈现。尽管财政资金会受到数额的限制，但它发挥着吸附和导向的作用。在使用财政资金的过程中，应该充分发挥其在投入方向上的主导作用，制定合理的使用政策，建设稳定的经济环境，使财政资金的激励作用得到充分发挥，把握好农村建设项目与建设方向，进一步拓宽资金使用渠道，充分发挥财政资金的作用。

4.2.2　财政资金的引导机制

系统性是乡村振兴战略的一大特征，该战略不仅包含农业基础设施建设，还包含文化建设、卫生建设、教育建设等；不仅包含村容村貌治理，还包含自治制度的创新，多领域的建设工作也使得这项工程需要更多的资金投入量。因此，国家在管理财政资金的时候，应该重点关注这笔资金的用途是否与乡村振兴战略的宗旨和目标一致，将这笔资金真正地运用在农村建设中，充分发挥其向导作用与指针作用。此外，政府还可以通过引导机制的建立来加快乡村振兴的建设。

（1）引导机制的概念。在对企业进行财政政策支持的时候，可以利用其乘数效应，加大其他投资的资金投入量，以此来提高农村地区的国民收入水平。对于不能进入的资金，变为允许进入，鼓励其直接投资于乡村建设；对于不愿进入的资金，实施鼓励政策，引导其进入。此外，还需要运用财政资金来引导其他类型的资金投入，其中包括集体资金、外部资金及农民手中的自有资金，以此为乡村振兴战略的实施拓宽融资渠道，提供更多的资金支持。将财政政策与金融政策有机结合，分别从宏观角度和微观角度支持乡村振兴战略的实施。

（2）引导机制的内容。其实，我们可以用一条效应链来归纳引导财政资金的机制，这条效应链就是“引导—虹吸—扩张”。该机制实质上就是运用政策性金融或者财政政策来带动社会资金或金融资金，以此来扩大投资规模，从整体上促使初始投资得到进一步扩张，更好地实现经济社会的发展目标，图 4-4 就是该引导机制。政策性融资及财政机构之所以在农村地区开展投资性建设工作，就是为了加快乡村振兴的实现，这是为了实现经济社会的发展目标而进行的一项产业政策。当然，这项投资建设工作是为了使国家具有更加明确的发展目标与投资重点，这也成为社会投资及金融融资未来的发展方向。倘若金融机构及财政机关的资信度比较高，其经济实力也比较强，它们就会使政策性金融背后所蕴含的战略目标得到广泛认同，进而也会对投资预期加以调整，投资信心也更容易被建立起来。倘若投资者和从事商业金融的人员能够对自身内部机制加以完善，利益激励机制更容易为企业带来巨大的经营利润。在这种背景下，乡村振兴战略就能吸引到更多的资金投入，其发展前景也会变得更加明朗。在这种背景下，会有越来越多的社会资金或者商业金融投入其中，伴随其投资占比的不断提升，其在投资中也会逐渐占领主体地位，这一过程就被称为虹吸过程。当乡村建设的资金大部分源于金融资金时，乡村地区会获得更大的发展空间，而这些大数额的金融资金实际上都是在财政政策的引导下获得的，由此可见，财政引导对于乡村发展具有推动作用。

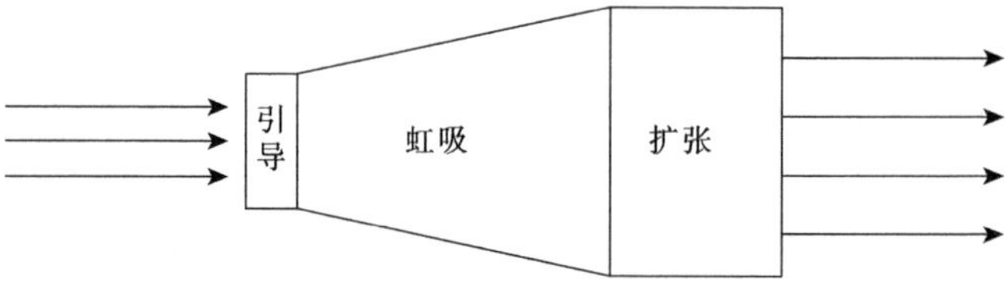

图 4-4　财政资金的引导机制

纵观整个引导过程，许多因素都影响着这一机制的顺利实施。首先，应该确保引导方向的正确性，这不仅要有科学的决策，还需要政策性金融机构和财政提供雄厚的资金支持与信用支持，只有这样，才能更好地引导社会资金与商业资金，使其发挥更大的价值。其次，要想使虹吸效果与预期效果一致，务必要提高商业金融机构运行的合理性，这样才能预测政策性金融未来所发挥的作用及其所产生的反应；还要看商业性金融机构到底有多少资金实力，实力越强的金融机构，越容易产生明显的虹吸效果。最后，引导机制的整体效果主要通过扩张过程来呈现。影响整体效果的因素主要有两个：一是法律制度环境；二是社会文化习俗。金融机构的运行实力、决策机制，社会的风俗文化及法律环境等因素都会对政策性金融机构的引导、虹吸和扩张机制产生重要影响。如果对这些影响因素进行分类，大致可以分为两类：一是内部因素，也就是该机构自身存在的影响因素，如其自身实力、运行机制及决策机制等；二是外部因素，如法律环境、社会风俗等。

4.2.3　“引导—虹吸—扩张”效应链的实现机制

（1）形成资金整合机制，如图 4-5 所示。

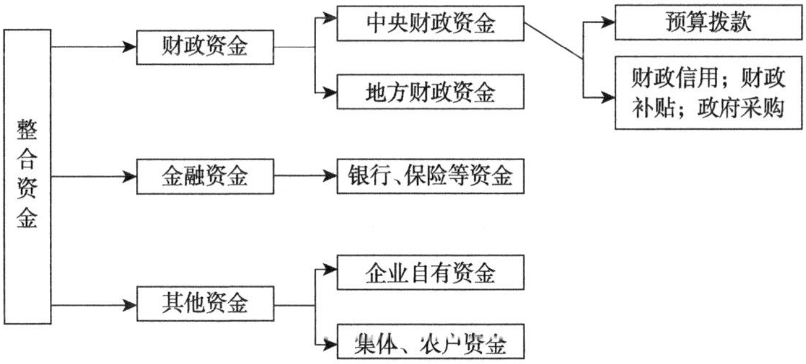

图 4-5　资金整合机制

财政支农资金具备两个特点：一是资金不集中；二是拥有许多投入途径。观察我国中央政府各个机构能够发现，各个部门在支农资金管理方面缺乏完善的协调机制，从而导致资金无法集中，各地方政府在这方面存在更多问题，这些都会对资金作用的充分发挥产生不良影响。此时如果对支农资金进行充分整合，不但有利于公共财政资源的科学安排，而且有利于我国政府支农资金投入方向的有效规范；不但有利于资金作用的充分发挥，而且有利于相关权责关系的明确。如今在支农资金整合方面，不但制定了多项政策，而且已经有许多地方进行试点工作，此时正是支农资金整合的良好时期。在具体整合工作开展期间，首先，需要以县为单位来展开工作，因为当前不论选择哪一类投资途径，支农资金最终都会进入县里；其次，必须对整合渠道进行不断探索；再次，必须按照支农关键及设置的目标对支农资金进行安排，如分为管理服务、结构调整及生产条件等多类资金，令这类资金公共性得以充分体现；最后，利用农村地区的基础设施建设将医教卫等方面的资金整合，进行统一规划统筹，投入重点区域，从而实现对这些资金的统一安排。同时，要设立一个专项资金用于乡村振兴，在符合政策要求的情况下统一安排多部门的涉农资金，对涉农资金集约投放、捆绑使用，改变过去资金“撒胡椒面”的做法。

（2）形成渠道畅通的资源传导机制，如图 4-6 所示。

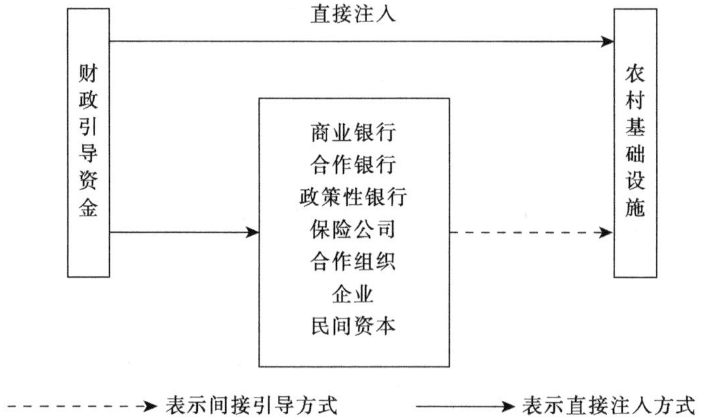

图 4-6 资源传导机制

这类机制主要由三部分构成。首先是政府管理模式，在这一过程中，政府进行投资并进行管理，资源随着政府层级依次进行传递。其次是微观组织管理模式，这一过程中政府和农户直接对接，由政府对农户进行补助，如农户直补就属于这一类型。最后是委托代理责任制，其中的代理者通常由五类构成：一是各类投资公司；二是各类保险企业；三是各类商业银行；四是部分金融机构；五是农村信用合作社。

（3）公共产品供给制度和财政引导机制创新。如果一些地区存在三类情况（①需要大量资金支出；②没有足够财力作为支撑；③经济发展较为落后），此时，必须发动社会力量来助推这些地区乡村振兴工作的开展，选择以政府财政为主导、鼓励各类社会资金参与、由各类农户作为主体的发展模式[45]。对于政府而言，必须重视农村地区的公共财政投入，通过投入大量资金，制定相关税收政策等，令社会资源受到吸引并愿意往农村地区投入。同时，还需要重视农村地区的基建工作，让城市助推农村发展，让工业为农业发展提供助力，如此便能够加快农村的建设速度[46]。此外，在乡村振兴建设中，还必须通过多种举措对农民进行引导和鼓励，如制定一些补偿或奖励制度等，令农民积极投入建设之中，无论是投入劳动力还是投入资金，都能为促进农村的产业发展做出贡献。

4.3　金融资金的动员机制和模式分析

4.3.1　金融资金的动员机制

金融体系是乡村建设的重要支撑，在该体系中，处于主导地位的金融机构是政策性的金融机构。该机构主要用于支持产业融合的前期工作，资金主要用于基础设施和产业融合项目的建设，这些项目有一个共同特点，那就是具有很强的带动能力，农村发展总水平也会因此而提高。商业性金融机构占主体地位，对于农村地区的产业融合具有积极作用，产业融合的先导区域也很容易在商业金融机构的影响下建立起来，有助于乡村振兴获得更大规模的金融支持。在众多金融机构中，涉农资金最多的机构是合作性质的金融机构，该类机构涉及的网点很丰富，具有本土化的优势，不同产业链条上的配套服务和配套产品都可以依靠该机构来获得。农村地区的新型金融机构应该更加积极地加入乡村振兴的队伍中，因为许多中小型产业中出现的比较精细化的金融产品大都由这类机构提供[47]。

在支持农村发展方面，中国农业发展银行等政策性金融机构起着主导性的作用。在对金融产品进行创新时，需要坚持三个原则：第一个原则是整合金融产品的原则；第二个原则是需求侧原则；第三个原则是以目标为向导的原则。在扩大农业发展规模时，要完善基础设施建设，聚集农业政策性资源，这将对农村的产业化发展起到积极作用；要对相关的政策措施加以完善，使其能够更加细致地指导农村产业发展。同时，要尽量避免与商业性金融机构之间的同质竞争，更好地处理社会责任与经济效益间的关系以及政府与市场间的关系。

中国农业银行在支持乡村发展的过程中应该更具针对性，如可以通过建设先导区为项目审批开设绿色通道，此外，还可以帮助企业加强金融风险防范。贷款投放的规模也可以适当扩大，还可以将金融服务点建立在比较偏远落后的地方，使偏远地区的特色产业更容易获得资金支持。这种以点带面、因地制宜开创服务的方式能够使乡村建设获得更多的资金支持，能够使农村地区实现系统全面发展。

在乡村建设中，小型农业企业是农村商业银行支持的重点，农村商业银行的市场定位就是服务于“三农”。在本土地区，农村商业银行具有显著的竞争优势。其业务类型主要包含三个方面：一是普惠金融；二是小微金融；三是社区金融。进行乡村振兴工作时，农村商业银行要以现代农业的经营体系、产业体系、生产体系为核心，扩大投融资主体。融合主体在发展产业化的过程中会呈现出不同程度的发展趋势，根据这一特点，为农村地区的现金管理、现金结算等多种业务形式提供具有针对性的金融咨询服务。如果需要更加高端的金融服务，农村商业银行可以提供证券承销、资产证券化等牵涉到长期资金市场的高端服务。

怎样才能在控制农业信贷风险的基础上进一步提高担保数额呢？最有效的方式之一就是加快担保机构体系的建立，当然该体系的建立有一个重要前提基础，即政府部门的支持。也就是说，降低融合项目费率或者融合主体费率的有效方式就是由财政部门来承担这部分费用，常见的承担方式有两种：一种是通过以奖代补的方法来承担；另外一种是通过发放补助的方式来承担。在践行上述两种承担方式的时候，应该注重县市地区担保公司的建立。在现有担保平台的基础上，设置农业担保基金，这有助于资金补偿机制的建立。如果保险公司、投资担保企业、政府和农户都投入农业发展中，将有助于完善金融发展模式，加上乡村振兴局、金融机构、供销社等机构的参与，乡村振兴项目可以获得更多的金融支撑。民间担保企业大都是由民间资金构成的，政府应该予以支持，担保机构的多样化和广泛的农村担保业务能够更好地保障乡村振兴项目的实施[48]。

对风险补偿机制进行完善，以补偿基金的形式来支持农村地区的信贷发展，这笔基金的主要来源是政府。此外，金融机构也需要对自身服务体系加以完善，提高资金投放的精准度。在管理金融机构的过程中，管理者还要善于运用大数据对金融风险进行合理规避，实现精准管理。此外，金融风险还需要由政府、农户等多方主体共同承担，这有助于实现风险分流，从而降低金融支持乡村振兴的风险。

4.3.2 乡村振兴背景下的金融发展模式

中国的农村金融发展理论是基于中国农村地区金融发展情况开展的，这一理论主要包括三方面内容：一是对农村地区各类产业和金融发展情况之间的关系进行了阐述；二是对农村地区居民收入情况和金融发展情况之间的关系进行了阐述；三是对农村地区使用这一理论的具体情况进行了阐述。由于农村金融有其自身的特殊性，在农村金融领域，有着代表性的金融理论，主要包括三类：一是关于不完全竞争市场的理论；二是关于农村地区信贷补贴的理论；三是关于农村地区金融市场的理论。根据以上三种农村金融发展理论，结合乡村振兴战略进行分析，发现它们和我国农村地区实际情况并不相符。如今在我国农村地区，政府金融机构还是资金主要来源，仍然起着主导而非辅助性的作用，而且在各种金融机构里，只有中国农业发展银行通过外部渠道获得足够资金为农民提供政策性信贷支持。其他机构都是通过让当地农民在这些机构中存款从而获得收益，也就是说这些机构是营利性的，和政策性机构相比，政府金融机构拥有更多业务。

由此可见，如今我国农村地区并非以农业信贷补贴为主要金融模式。对于当前我国的农村金融体系，政府必须充分发挥作用，对金融机构中的涉农机构提供支持，对农村地区信贷手段等金融产品进行创新，对当地金融方面的市场制度进行充分引导，同时支持金融机构中的涉农机构保持经营的独立性以及财务的可持续性[49]。

1. 产业链金融模式

这一模式主要结合两方面利益：一是各种金融机构；二是产业链中的相关公司，从而对产业链进行金融支持[50]。当前有许多地方都采用了这一金融模式，如长沙县的王家岭养鸡专业合作社采用的融资模式由四方构成：一是相应金融机构；二是相应农业公司；三是王家岭合作社；四是当地农户。在合作过程中，保证金由合作社提供，合作社将这部分保证金存进农村商业银行，而农村商业银行则提供给它一定的授信额度，额度比例为 1∶10。如果在经营期间合作社的成员需要使用资金，就可以以合作社身份进行贷款，到了需要偿还时则由合作社负责偿还。在此过程中，保险费主要由三方负责：一是合作社，负责其中的4/10；二是农户，负责其中的3/10；三是当地政府，负责其中的3/10。同时，合作社按照农户信用及资产情况明确互助金标准，这样互助金的安全便得到了足够保障。可以发现，在这一产业链中采用的金融模式，既是产业方面的合作，也是信用方面的合作。长沙县王家岭合作社选择的金融模式里，其抵押品主要是住宅房屋和农业器械，当地政府对其进行增信以后，就获得了一定的贷款，其贷款额度比例为 1∶20，使得农村地区的金融供给问题得到了有效解决。

2. “政银保”一体化金融模式

这一模式主要需要三方进行充分合作，即政府、银行、保险公司。当前农村地区在融资方面主要有三类问题存在：一是融资需要花费大量成本；二是融资并不容易；三是融资速度并不快。自从加入社会金融资本以后，这三类问题得到一定程度的缓解，在农村金融发展期间，还有许多信贷方面的风险存在，而这一模式使得许多信贷风险都被防范或化解掉。以衡南县麦坪村为例，该村有蓝莓基地1 000 亩，通过该基地形成了多个品牌产品，如蓝莓酒等，但后期在发展时却面临资金不足的难题。在融资过程中，该基地存在融资难、无担保等诸多难题，在“政银保”模式下，衡南浦发村镇银行为其提供了贷款300万元，从而使得上述难题得到解决。在这一过程中，为了解决新型农业经营主体在经营期间面临的风险，当地政府提供了风险补偿金共200万元，如果有不良贷款现象发生，那么经营主体将得到来自两方的赔付：一是来自保险公司的赔付，比例为7/10；二是来自相关银行的赔付，比例为3/10。若是赔付大于80%，那么政府的风险补偿金便会启动，可以看出，当风险出现时，不论是保险公司、银行还是政府都将承担风险，在这一贷款模式下，农村各产业的发展融合得到了金融机构的有力支持。

3. 农业产业基金金融模式

农业产业基金是一种集合投资制度，设置目的是令农业产业实现充分发展和融合，其筹资手段为发行基金收益凭证。当筹资工作完成以后，不论是对资金的管理还是使用都由相应机构负责，它主要对还没上市的农业公司进行投资，其投资形式为股权形式，期望通过这类投资能够得到不错的收益。通过此类金融模式，农业和资本市场得到充分结合，农村主体便拥有了新的融资途径。2016 年，湖南省为了助力农业产业进一步发展，专门设置了专项资金，资金期限为三年。两年后，湖南省设立了华润三湘联合基金助力当地农业产业的进一步发展，在该基金的帮助下，该省农产品市场知名度大大提升，实现了农业产业化企业与资本市场的对接。同时，该省还加大了规划农村产业融合专项基金的力度。

4.4 社会资金的参与机制和模式分析

4.4.1 社会资金的参与机制

鼓励社会资金参与乡村振兴建设，需要从思想、利益、激励等方面做出努力。

首先，利用舆论宣传农业、农村、农民的重要性，将乡村发展机遇和乡村振兴战略的意义进行宣传，使大家充分了解乡村地区未来的发展前景，使乡村振兴战略任务深入人心，为乡村建设投入更多的热情和资本。加强引导与教育，使农民在个人利益和国家利益之间做出正确的选择；使农民将眼前利益和长远利益进行有机结合，从中找到更加合理的发展方式；使农民处理好权利和义务之间的关系，看到消费与投资之间的内在联系，更好地推进农村地区的投入政策，进一步加强融资结构的优化。参与初期由于民众不能很好地进行自我管理，所以他们对政府有着极强的依赖心理，因此应该加强对民众心理素质的培养，使其更加理解国家政策并愿意为乡村建设贡献一份力量。

其次，利益关联性影响着集体的行动积极性。在社会资金的筹集过程中，村级组织发挥着一定的资源调动和权力分配作用，这也是村级组织能够进行村庄治理工作的原因所在，是村民自治实现有效运转的前提。以往在管理不规范的环境下，村级组织的资源调动和权力分配是随意使用的，如今在各种约束条件下，实现了村级组织对整体资源的统筹权。社会资金能够实现长远投入，最重要的是各方利益的满足。建立利益关联机制，确保农户、企业利益最大化。因此，这需要对不同个体的需求内容进行了解和调查。一方面，农户的需求多种多样，纷繁复杂；另一方面，有些人可能会出现无理诉求，如某村村民提出要将村级公共服务资金与管理资金分掉。面对这些复杂问题，村级组织要发挥统筹作用，将村民的合理需求按照优先次序依次实现。如果农民的利益各自分散成为单个独立的个体，那么意味着个体与个体之间关联性的降低，从而导致文化、社会关联性降低，最终削弱村民在村庄公共事务中的集体行动力。将村集体资源打造成为共有资源，可以实现利益的关联，群众个体之间形成利益紧密群体，与群众共同杜绝不符合长远利益的各种行为。由此，国家财政输入村庄中，村庄建立财政资金与村民之间的利益联结，以便于实现村庄公共规范的激活与调动，从而激发群众的社会活力。

最后，要实现农民、个体及企业的有序参与，离不开民主参与的机制建设。通常情况下，村镇会设置村组议事会等组织机构，选取具有代表性的村民作为会议成员。例如，村组议事会一般以小组议事会为基础，为均衡小组权力，要有小组议事会成员的参加，同时为防止出现干部权力过大的情况，村干部成员不得超过 40%，另外还需有相应的企业代表人，从而实现民主性。针对“搭便车”的行为，有关部门应该提高管理能力。根据社会经济的发展状况对社会组织和个人进行动员，如果二者不相匹配，将不利于社会的稳定发展。在发展农村公共事业的过程中，建设主体是村民，在振兴乡村的过程中，振兴主体仍然是村民。尽管国家、社会会为乡村建设提供政策支持和资金支持，但是这些外部供给的数额是固定的，所以在这一过程中，有关部门应该加强管理，减少“搭便车”情况的发生。

4.4.2 社会资金参与乡村振兴的模式分析

乡村建设中社会资金的投入主要来源于工商资本下乡，这些工商资本投资农村的原因主要是企业经营转型的需要、各类税收返还和土地优惠等政策及企业家的社会责任感[51]。工商资本在乡村振兴中的投资领域逐渐实现多样化，如图 4-7 所示。

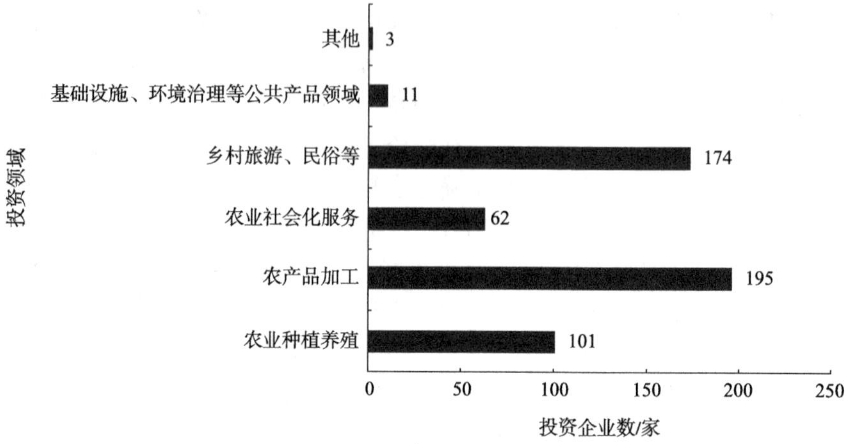

图 4-7 工商资本在乡村振兴中的投资领域

周振等（2019）中的数据来自 338 家下乡工商资本。由于工商资本经营领域多元，故设计为多选题

资料来源：周振，涂圣伟，张义博. 工商资本参与乡村振兴的趋势、障碍与对策——基于 8 省 14 县的调研[J]. 宏观经济管理，2019，（3）：58-65

由图 4-7 可知，工商资本投资乡村振兴主要体现在乡村旅游、农产品加工等方面，投资领域逐渐从农产品种植养殖领域转向周转农村资产等领域。

近几年来，农业领域的复合经营模式也成为许多资本企业的发展方向，将电商、农产品种植与加工等行业合为一体。从产业化的经营模式上来说，目前农村地区的经营模式主要有三种。第一种是将农户与企业相结合的经营模式，表现为农户将土地租借给企业，企业向农户支付土地租金，同时企业雇用农户并支付劳动工资，如陕西省安康市的某家经营渔业的公司，借用农户的土地进行水产养殖，与农户签订合约，每年按照约 600 元/亩支付租金，由于水产养殖是季节性劳动，因此该公司季节性雇用帮工，每天支付 200 元。第二种是村集体、企业、农户相结合的经营模式，对村中闲置土地或宅基地等资源进行开发，建造特色小镇、田园综合体等，加入村集体的农户通过土地入股享有股权，参与分红。第三种是企业和政府相结合的经营模式，政府投入大量项目资金扶持产业发展。

实践表明，社会资金的流入确实使农民的收入有所提高，使农民在工作中收获了满足感，但是农户利益和资本利益之间并没有十分紧密的联系，农户收入主要源于劳动报酬、土地租金和农产品差价。当前，已经出现了更加密切的利益联结机制，如村民以土地入股建立村供销社，并从中获得分红，将乡村发展与村民的利益直接联系在一起，但该种利益联结形式还未在乡村振兴项目中广泛推广。

4.5　多层次资金的协调机制和模式分析

实施乡村振兴战略，最关键、最现实的一项问题就是要保障资金供给。一旦资金出现缺口，社会组织、金融机构及国家财政部门都需要加大资金投入量。

4.5.1　多层次资金协调机制框架分析

要实现协调发展，首先要建立起完善的机制框架。该框架包含多个方面，如动力体系、利益实现机制等，其中最重要的是协调发展的多方参与机制，主要由利益实现机制、伙伴协作机制、利益导向机制、利益补偿机制、行为约束机制、利益矛盾疏通机制构成，促进农村资金回流、保障投融资机制的良性运转。上述机制是财政与金融协调机制的基础，多层次公共资金能否真正协调发展取决于这些机制的建设。多层次资金协调机制框架如图 4-8 所示。

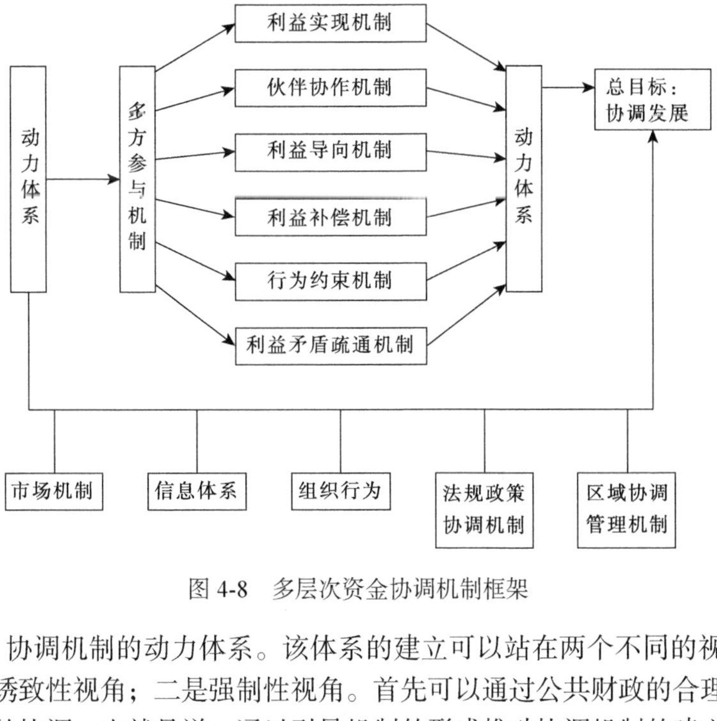

图 4-8　多层次资金协调机制框架

（1）协调机制的动力体系。该体系的建立可以站在两个不同的视角上来完成：一是诱致性视角；二是强制性视角。首先可以通过公共财政的合理引导促进金融体系的协调，也就是说，通过引导机制的形成推动协调机制的建立。此外，还可以通过提升农村市场的利润吸引融资主体，通过市场化选择加快农村地区金融组织制度的健全。为了提高金融资源在城乡配置中的合理性，还可以在城乡地区建立差别利率制度[52]。国家还可以通过税收政策的调节支持农村地区金融机构的发展。从公共利益的角度来说，应该使参与到乡村振兴建设中的各类机构实现“多赢”，使财政体系更加透明，使和谐金融、普惠金融协调发展。进一步提出金融服务于弱势群体的主张，致力于服务弱势地区、弱势产业或是弱势人群，实现金融收益与金融服务的公平公正。

（2）协调发展的多方参与机制。为了使资金的使用效率进一步提升，在发展的过程中，可以将投资机制、建设机制和管理机制分离。在管理的过程中，加强政府投资项目之间的联系。在政府投资类项目中，政府不仅扮演着决策主体的角色，还是市场监管主体，有一些政府性质的投资企业也扮演着投资主体的角色。但是，这些企业都是经过政府授权的企业，它们在对项目建设主体进行选择的时候，大都采用市场化的形式招标、投标；在政府的监督下，建设主体完成建设项目以后，可以招募管理企业经营该项目，也可以成立管理团队自行管理。上述管理机制被称为多方参与机制，在该机制中，政府处于主导地位，项目的主办方是企业，所遵循的运作形式是市场运作。这种管理机制有助于发挥市场的主体地位，有助于政府部门实现职能转变，从而营造公平公正的竞争环境。

构建完善合理的利益补偿机制是实现多方参与的保障。第一，为了提高农民收入的稳定性，政府部门可以将财政资金投放到农业保险的购置上，加大财政补贴，使农民保持稳定收入水平。第二，在建立农村保险体系时，应进一步拓宽经营主体，鼓励相关业务的发展，逐步形成多渠道、多层次的保险体系。第三，发布文件使金融机构更加清楚将资金投放到“三农”信贷之后可以获得怎样的补偿机制和政策激励；营改增①后，如果涉农贷款资金达到一定额度，可以适当降低金融机构的增值税，或者直接减免相关增值税。第四，将一部分财政补贴投放到政策性金融中，可以通过支农风险基金的形式免除这类金融业的利息或者对其进行贴息补偿。

利益联结过程可能并不是一帆风顺的，因此需要建立利益矛盾疏通机制。例如，在配置农村地区金融资源的过程中，善于运用货币政策手段加以协调，常见的货币政策手段主要有三种，一是利率调节，二是再贴现，三是再贷款，以此使农村信贷拥有更多的资金支持。农村信用机构如果为农业农村发展提供更多的资金支持，它在贷款利率和贴现额度方面就可以享受到更多的政策优惠，如此便可疏通投融资主体的相关利益。

（3）多层次资金协调运行，要做好信息共享、法律政策等外部环境传导渠道的疏通。

第一，构建协调机制的信息体系。为了使融资主体能够获得更多的融资信

① 营改增指将以前缴纳营业税的应税项目改成缴纳增值税。

息，实现信息共享，有关部门应该建立健全共享制度。为了降低融资风险，有关部门应该加快财政金融监测体系建设和纠正机制建设。此外，还可以通过制度建设提升风险识别能力和风险处理能力。

第二，明确协调机制的组织行为。逐渐形成合理的金融组织体系，在该体系中，主导权应交由中央银行，领导权则归政府所有。应该加快政府性质的投资机构的建立，将资源逐渐转化为资本。建立政府牵头的投资公司，利用土地、政府财政资金、国有资产等有形资产及专业经营权等无形资产入股，公司经营范围涉及多个领域，如教育、卫生、农村生产等，将该投资公司作为融资平台，筹集来自社会的资金和金融机构的贷款。对地方性质的金融机构进行改单，运用市场化手段，使用收购、重组等方法，使其金融服务功能得以强化。

第三，建立农村资金回流机制。建立与支农资金投入有关的体系，引导农村资金回流。该体系的建立应该基于农村、农业的发展现状来完成，在这一过程中体现出分工明确、合作、互补的特征。一是建立财政投入机制，保障财政支农资金的增长速度和总额度。二是建立导向激励机制，让资金回流至农村；机制运行过程中，联合利用税收和担保等方式，让合作金融与商业金融成为资金回流的主要渠道。三是加强行政督导机制，政府部门要积极动员涉农企业为农业发展储备资金，在农村商业银行开户，财政预算之外多出的资金统一放置于农村商业银行。四是政府部门应该对回流至农村的资金做好调控工作，对一些不发达的农村地区，可以通过二次分配投放更多的贷款资金。五是通过立法要求金融机构将一部分资金投放到“三农”领域。

第四，建立法规和政策协调机制。一是用制度保障良性竞争，其中包括合理的金融机构评级制度、支付制度和监督制度，以及其他有助于零售金融业务进入资本市场的制度。二是制定金融市场的准入法规、监管法规和退出法规。要尽快制定民营资本、外资的准入法规，要尽快制定民营银行和外资参股银行的监管法规、破产法规。

第五，通过区域协调管理，实现多层次资金的协调发展。培育良好的政策环境，恰当发挥政府的作用。政府干预的前提条件是不能打破公平公正的市场秩序，除此之外，还要对强化微观活动的市场主体有积极意义。之所以进行城乡一体化建设，是为了产业结构进一步优化，在搭建投资平台与融资平台的时候，更好地推动“三个集中”，即工业向集中发展区集中，土地向规模经营集中，农民向城镇集中。在缓解欠发达地区金融机构网点覆盖率低、供给不足、竞争不充分、服务效率低等问题上，发挥现有金融机构的作用，改善县域金融资源增量配置结构。

4.5.2　多层次资金的发展模式分析

在振兴乡村的过程中，将多层次资金有机结合，探讨多样化发展模式，为农村地区带来更多的融资资金。

（1）合理运用产业化财政贴息资金。将资金优先使用在比较合理的产业化模式中，如优先使用在“合作组织+龙头企业+基地”的产业模式中。国家还可以通过财政贴息政策，促使银行将更多的资金投入龙头企业，值得注意的是，这些龙头企业大都是社区化与产业化相结合的企业，可以更好地推动乡村振兴工程。

（2）设立农户创业基金。农村地区现在的经济水平依旧比较低，并且没有很高的市场化程度，农户现有的固定资产等不具备从银行获得贷款的抵押条件，这种发展现状不利于农户贷款。对此，国家可以设立专门的农户创业基金帮助农户解决贷款问题，安排专项资金为农民提供小额贷款担保。专项资金可以为那些致富愿望强且具有致富能力的人提供贷款创业的机会，帮助他们发展农产品生产加工销售，推动农村经济发展。

（3）建立农业保险保护资金。农业保险属于一项准公共产品，且具有较强的公益性质，属于农业支持保护系统的一部分。但是，现在还没有相关法律法规和政府扶持政策对这种保险加以保护，致使其没有很好的分散风险的办法，因此经常会出现赔不起也保不起的情况。为了减少这种情况的发生，有关部门可以针对这类保险建立奖励基金。为了使农业保险的形式更加丰富多样，进一步拓宽这类保险的渠道，保护农民利益，可以将一些地方试点工作经验作为参考，建立农业保险风险基金和多种补贴政策，如政策性保险业务补贴、政策性保费补贴等，调动具有商业性质的保险公司开展保护农民利益一类保险业务的积极性，鼓励农民参保投保；对资助农民的龙头企业有限参保，从而起到鼓励龙头企业扶持农民的作用。除此之外，各级组织还应积极探索保险种类，大力支持“种养”两业型农民保险业务的发展，拓宽农业保险类型，更好地保障农业农村发展。

（4）拓展项目融资模式。从项目融资建设角度看，存在着项目特许经营、农业资产证券化、PPP 融资等融资模式，将财政、金融及社会资金融合，促进了投融资机制的协调运行。

一是项目特许经营，这种模式具体有三种表现形式：第一种是 ROT；第二种是 TOT；第三种是 BOT。当前广泛存在的融资模式 BT、BOOT、TBT、BTO、BOO 等都是对 BOT 模式的创新①。BOT 就是指从建设到运营再到移交的

① ROT，renovate-operate-transfer，重整–运营–移交；TOT，transfer-operate-transfer，移交–运营–移交；BT，build-transfer，建设–移交；BOOT，build-own-operate-transfer，建设–拥有–运营–移交；TBT，transfer-build-transfer，移交–建设–移交；BTO，build-transfer-operate，建设–移交–运营。

过程，通常国际财团或者私人合伙人都会采用这样的方式进行融资。具体来说，这种经营模式就是先建设一些基础设施，对其经营一段时间之后，转让至公共机构或者地方政府。

二是农业资产证券化模式。这种模式实质上是通过收集非流动资产实现结构重组，将这笔资金转化为能够用于流通、出售的证券，以达到融资的目的。在我国，达到了证券化标准的资产是能够用来抵押贷款的。在农村地区，财政扶持的重点仍然是基础设施建设，因此基础设施建设很容易获得政府的财政支持。农村地区有一些基础设施属于可收费型设施，近几年来，半市场化和市场化是这些基础设施的发展方向，这些基础设施涉及电网、水利、文娱、通信等。在农业资产证券化方面，2017 年，中国农业银行发行了绿色信贷证券，向浙江省水利水电、污水治理、水资源综合利用等相关领域发放了“绿水青山”专项对公贷款 600 多亿元，有效带动项目投资 1 500 多亿元，开创了利用资产证券化等投行工具推动绿色产业发展、加快生态文明建设的新模式①。

三是 PPP 融资方式。PPP 融资方式可以使政府部门和社会营利组织为某一项目的发展达成合作，因此这种融资方式又被视为“公私合作”型融资。PPP 有助于社会资金进入政府支持的项目，为巨大的社会资金找到稳定的投资渠道和投资机会。在这种合作方式中，政府扮演着项目扶持者的角色，通过 PPP，各方都可以获得自己的利益。与此同时，融资风险与相关责任也应该由合作各方共同承担。相比于单独行动，这种合作方式能够为不同的合作方带来更大的利益[53]。

四是农村基金型担保融资。农户是这种融资方式的主体，它与小额信用贷款有相似之处。这种融资方式有两大突出特征：一是具有超前性；二是具有特殊优越性。这种融资方式的业务主要是针对金融行为展开的，这是因为它具有合理的股权结构，能够使参与者利益获得保障。要想使用这种融资方式，首先要成立一个担保中心，通常担保中心都建立在乡镇。另外，每个村落都要有一位业务联络员。联络员和乡镇政府都可以参股，参股费用整合到一起就是担保资金，最后将这笔资金存至农村商业银行，采用专户形式对这笔资金进行管理。担保中心的管理主要由乡镇政府的专业人员负责，农户、私企、个体都属于服务对象范畴，这种融资方式并没有十分严格的贷款条件。

4.6 本章小结

在乡村振兴投融资机制运行中，当前农村地区有三类资金不断发挥着积极作

① 数据来源于中国银行保险监督管理委员会网站公布的历年统计信息。

用：一是政府提供的财政资金；二是金融信贷资金；三是民间社会资金。三类资金中，财政资金引导作用持续发力，财政融资涉农专项资金多种多样，乡村振兴基金如火如荼；金融信贷资金规模扩大，农村金融服务体系逐步完善，金融机构涉农贷款稳步增长；民间社会资金参与规模不断扩大，涉农政策吸引越来越多的社会资金注入乡村地区，农业逐步突破单一性特点，向一、二、三产业融合发展迈进。

首先，对财政资金的引导机制和实现机制进行了细致分析。系统性是乡村振兴战略的一大特征，多领域的建设工作也使得这项工程需要更多的资金投入量。财政资金的引导机制可以用“引导—虹吸—扩张”的效应链来归纳，实质就是运用政策性金融或者财政政策来带动社会性投资或金融资金，以此来扩大投资规模，从整体上促使初始投资得到进一步扩张，更好地实现经济社会的发展目标。

其次，对金融资金的动员机制和模式进行了分析。发挥金融机构的带动能力，针对政策性金融机构、商业性金融机构、合作性金融机构、新型金融机构等各自的特点，细分资金的支持领域和项目。同时创新金融服务体系，实施多元化的金融发展模式，如产业链金融模式、“政银保”一体化金融模式、农业产业基金金融模式。

再次，分析了社会资金的参与机制与模式。财政资金和金融资金需要相互协调的同时，也离不开社会资金的参与。财政与金融资金发挥了引导的作用，对社会进行思想动员、意识培养和引导、心理素养培养、组织培育等。社会资金要实现长远投入，务必保证各方利益的满足，并构建民主参与机制。同时，积极拓展社会资金的参与领域，创新社会资金参与模式。

最后，分析了多层次资金的协调机制和发展模式。财政资金、金融资金、社会资金的有效运行，离不开三者之间的协调机制。首先是动力机制，财政资金引导促进金融体系协调，双方共同搭建动力基础；其次是多方参与机制，在政府和金融资金的引导下，吸收社会资金参与，遵循市场运行机制，构建利益联结体；最后是多层次资金的协调机制，建立健全信息共享制度，明确金融组织体系，引导农村资金回流。同时，合理运用资金发展模式，实现多层次资金协调运行。

本章细致分析了乡村振兴投融资机制的协调运行机理。第 5 章将选取典型乡村进行实地调查，分析乡村振兴实践中的农村如何实现投融资机制通畅运行。

第5章　S镇乡村振兴投融资机制调查分析

案例调查的目的是真实反映现实事物，全面真实地刻画事件的过程，从而剖析事件背后存在的问题。本章首先说明了选取S镇的依据与方法，继而针对S镇乡村振兴投融资状况，从财政、金融、社会资金等方面调查分析投融资机制，提出该镇存在的问题，总结获得的启示。

5.1　案例选取与资料收集

5.1.1　案例的选取

本篇选择案例基于典型抽样逻辑，运用典型个案抽样的方法。典型个案抽样法是针对研究的现象，选择那些具有代表性的案例进行研究，以便更好地了解和说明研究现象的一般情况[54]。选择具有代表性的个案，是因为其具有一般性，拥有研究现象所存在的共性。譬如说研究现象存在的某种属性能够在这个案例中寻找到，那么就有了某一特征与属性，就可以认为这个案例具有典型性。

本篇选取S镇做案例调查的原因如下。

第一，S镇属于相对落后且高度依赖农业自然资源的农村地区。同时，S镇历史悠久，文化底蕴丰厚，有古代书院、石坊等名胜古迹，且该镇拥有丰富的农业自然资源，这为S镇的乡村振兴之路奠定了基础。S镇地处三县交界，辖区有100个行政村。乡村振兴战略提出后，在合作社的引领下，S镇吸收了大量的财政、金融和社会资金参与乡村建设，有效盘活了闲置资源，部分村民在村镇领导的示范带头作用下也主动回乡创业，有效地提升了当地资源利用效率和资本配置效率。

第二，S 镇同时也是北京 EY 科技有限公司助力中国乡村振兴赋能工程项目的首站，S 镇 100 个行政村全部参与了乡村赋能项目。该项目利用北京 EY 科技有限公司开发的电商平台，凭借独特的信息数字技术及强大的资源整合能力，通过交易匹配及提供一系列价值链上的增值服务。企业将部分加工、流通环节的利润返还给农户或用于农地建设，调动农户生产积极性，帮助其增加生产收入。这种发展形式其实是农业和工商业的一体化发展，在这种发展形式中，政府处于主导地位，农户、合作社及龙头企业需要发挥其自身作用，只有在他们的共同努力下，农产品的生产才能有更好的发展环境。

5.1.2 资料的收集

1. 抽样策略

在整个研究过程中，每个研究阶段都存在抽样决策。收集资料开始阶段，因为是首次来到 S 镇，对想要研究的问题只有一个大概的了解，因此在研究初期，采用了滚雪球和锁链式抽样。该方法是利用局内人找寻灵通人士的方法。首先在不同村庄的超市或小卖部中消费，在村民家中居住、用餐，在这一过程中与村民进行交谈，询问村民自乡村振兴战略提出后当地发生的变化、对乡村赋能项目的看法，以及对乡村赋能的认知。

随着调研不断深入，对当地的情况也越来越了解，本团队成员使用目的性抽样的办法继续调研。目的性抽样，即按照研究的目的，从案例中选取可以提供最大内容量的研究对象，该方法是质性研究中常用的方法。这一阶段进行过程中，针对访谈对象的不同，不断修改访谈提纲，从政府、村委、企业、合作社成员、村民等不同群体组织中选择具有关键作用的人物访谈，当访谈得到的回答存在重复、饱和时，就停止抽样。

2. 资料收集方式

1）访谈法

研究者以对话的形式与被研究者进行交流的方式称为访谈法，该方法是获得一手资料的一种研究手段。作为研究性交谈，访谈过程中还要注意被研究者在回答问题时不经意间表现出来的态度，事实上，这一表现要比他们有意声称出来的内容更加真实可靠[55]。团队成员在 2019 年 4 月、7 月和 10 月三次前往 S 镇，设计并改进了两次访谈提纲（附录一、附录二）。调研期间，随着对村庄了解程度的加深和研究深度的加大，以及与被访谈者关系的不断拉近，访谈选用的问题也从无结构性变为了半结构性，并对前期访谈过程中被访谈者回答得含糊不清的问题重新进行了询问。本案例中的访谈除了采用座谈的正规形式，还有闲聊、拜访等非正规访谈的形式，两种方式配合获取信息，以保证访谈的可信度。

2）观察法

观察法，即通过亲身观察并使用其他科技手段或仪器，获得研究资料[56]。观察法的类型可以按照以下几个层次进行分类，按照公开程度可以分为公开型观察和隐蔽型观察；按照参与程度可以分为非参与型观察和参与型观察。

对 S 镇的观察采用公开型观察和非参与型观察的方式，在调研和访谈过程中，通过对村民日常生活、房屋数量、土地面积、土地使用情况、节事活动举办的参与情况等方面进行较为细致的观察，获得了大量的感性材料。

3）收集实物证据

关于S镇发展的二手资料不可或缺，本团队还搜集了相关的公开资料和非公开资料。公开资料包括企业网站在内的相关新闻媒体资料、文献材料等，非公开资料包括企业经营报告、工程策划书及其他一些内部资料。同时，在调研过程中，拍摄了许多与研究问题相关的实物、景观等照片。

5.2　S 镇发展状况

5.2.1　S 镇整体概况

S 镇农业自然资源丰富，农业种植优势明显，草莓、樱桃、大桃等万亩种植园是当地群众收入的主要来源。但随着城镇化进程的加快，农村劳动力尤其是青壮年外流严重，农村居住人口老龄化问题日趋突出，种植、销售农产品越来越力不从心。同时，多数村特别是山区，土地资源缺乏，村集体经济薄弱，增收无门，严重制约农村发展。

治病先要找病根。S 镇党委成立专门调研组，深入开展调查研究，详细掌握有关情况。对经济薄弱村开展蹲点调研，采取召开座谈会、入户走访、实地查看等方式，摸清存在的突出问题及群众的迫切意愿等。对建档立卡的贫困户，通过走访座谈、寻访左邻右舍等方式，做到四个清楚，即贫困户收入和收入来源清楚、有无劳动力清楚、致贫原因清楚、在外亲朋好友清楚。将经济薄弱村和建档立卡贫困户情况全部登记造册，建立台账。在此基础上，逐村逐户分析原因、找准症结，制定具体扶持计划和推进措施。

在乡村振兴战略的倡导下，S 镇加强农业基础设施建设，大力调整农业产业结构，加大科技投入，做大做强农业龙头企业，发展农村专业协会组织，成功地走出了一条立足自然资源优势，内部调整、外向联合、一业为主、多业并进的农业发展路子。

为更好地进行资金管理，S 镇建立了合作社，政府主要起监督和指导作用。图 5-1 为 S 镇发展模式。

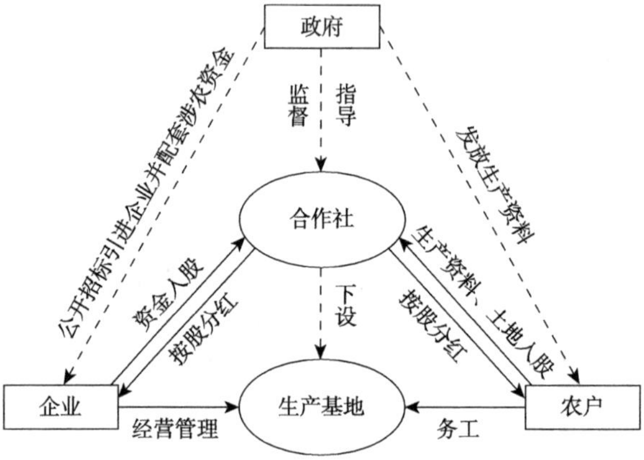

图 5-1　S 镇发展模式

S 镇实现“资源变资产、资金变股金、农民变股东”，大大丰富了乡村振兴的内涵，政府通过公开招标引入企业，企业自己筹措一部分资金，政府提供一部分扶持资金，成立合作社及建立生产基地。对政府、金融机构及社会组织的资金进行融合，投入带动其发展的乡村赋能工程、设施农业、光伏、水电、旅游等项目中。农户作为投资主体也可以入股，即将财政涉农资金、承包土地经营权和部分农村集体资产量化，变为合作社的股份。公司需要做好基地管理工作，当基地产生利润，就可以根据持有股份情况进行分红，农民也可以到基地务工赚取收入。

5.2.2　乡村赋能工程项目发展举措

北京 EY 科技有限公司一直致力于发展农村经济，并在全国范围内开展“乡村振兴赋能工程项目”，S 镇是其首站。如今，“赋能”已经成为 S 镇越来越热的名词，党政、企业、人脉赋予农村农户销售全镇特色农产品的能力，统一为各村各户开设网上店铺，实现一村一店、一户一店，依托“爱上青山”农产品品牌，对商品统一供货、统一标准、统一包装、统一售后，让群众足不出户实现持续稳定收益。同时，北京 EY 科技有限公司将部分利润返还农户或建设农地，增加农户收入，助力乡村振兴。

对经济薄弱村和建档立卡贫困户实施赋能工程，就是围绕促进农村变强、农业增效、农民增收这一核心目标，以提高农产品知名度、拓宽农产品销售渠道为出发点，整合政府、企业、乡贤人才、在外人员等所有可以整合的资源，依托网络、微信等新媒体搭建电子商务平台，推动农产品上网络、上微信、上云端[57]，通过农产品标准化赋能，区域农产品品牌升级赋能、农业供应链赋能、电商培训赋能、销售渠道赋能等多个维度，为农村、农业、农民提供全方位服务，帮助农户改变生产生活方式，赋能内在的生产能力、销售能力和持续发展能力，突破经济薄弱村和建档立卡贫困户增收难题。

露从今夜白，月是故乡明。家乡情怀是最真挚的情怀，S 镇发动“天南地北家乡人”共同关心支持家乡发展，形成一股最为质朴、强大的力量。组织镇机关干部及部门，每人或每个部门包靠 1 个经济薄弱村，采取入户走访的方式，逐村摸清本土乡贤、离土乡贤、外来乡贤、外出读书与离乡就业的大学生和每家每户的亲朋好友，逐人登记在册，明确联系方式和通信地址，建立覆盖全国的“天南地北家乡人”信息库。筹备成立乡贤人才联谊会，负责对“天南地北家乡人”的对接和沟通，开展多种形式的联谊交流活动，激发乡贤人才支持 S 镇发展的热情。

S 镇乡村赋能工程项目共开设村级店铺 100 个，贫困户店铺 599 个，其他农户店铺 9 184 个，全镇 100 个村累计产生 170 万元赋能收益，村均增收 1.7 万元，其中赋能收入最多的村增收 4.9 万元。赋能工程的实施在有效推动集体增收的同时，增加了贫困户收入，该镇 599 户贫困户全部产生收益，户均增收 322 元，赋能工程出售的农产品樱桃、草莓、大桃等大大提高了产品附加值。

S 镇乡村赋能工程项目积极致力于乡村振兴战略的实施，集财政资金、金融信贷资金和社会资金于一身，实现了全程农业机械化、水肥一体化。农业产业结构也不断优化，经济作物、粮食作物种植比例达到 3∶1 以上，提高了人们的生活质量。

5.3　S 镇财政资金的引导机制

根据“引导—虹吸—扩张”效应链机制，在赋能工程项目中，S 镇积极利用财政资金引导金融资金和社会资金的投入，从而发挥财政资金的引导作用。S 镇的乡村振兴建设资金，与全国大部分乡镇相同，都是以财政支持为主。财政资金的支出结构可以由财政支出各子项目的规模及其比例反映，从中也体现了 S 镇财政资金的引导方向和重点。根据市政府网站公布的文件《S 镇人民政府 2018 年度部门决算公开》，S 镇财政资金的支出结构如图 5-2 所示。

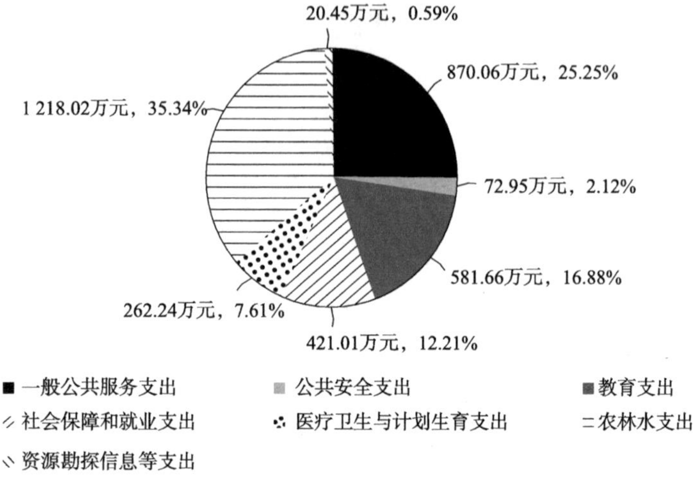

图 5-2　2018 年 S 镇财政拨款支出

S 镇财政支出结构中农林水支出占财政支出的比例最大，主要反映了政府对农村道路建设、村级一事一补、个人和家庭的补助等农村综合改革事项的关注。但是，财政拨款支出决算表中 S 镇在科技方面的支出较少，表明财政对于科技农业的发展缺乏资金投入，对广大农户缺乏技能培训，这不利于农业生产发展，不能很好地提升农业生产技术。从总体上看，S 镇 2018 年财政拨款支出总计 3 446.39 万元，与 2017 年相比，增加 513.92 万元，增长 17.53%。其中，主要是教育和农村道路建设费用的增加，全镇 100 个村完成户户通，硬化村庄道路 52 万平方米，表明财政加大了基础设施投入力度，为发展积蓄能量，增添后劲。这也是资源传导机制的一部分，在不依托外来资金的情况下，政府投资并由政府进行管理。但是对于一个镇的乡村振兴建设，财政资金只能作为引导。“引导—虹吸—扩张”效应链的实现机制除了资源传导机制，还包括资金整合机制。S 镇 2018 年的财政拨款支出显示，政府利用农村地区的基础设施建设，对资金进行了统筹规划，整合公共服务、医疗卫生与教育等资金，实现了对这些资金的统一安排。同时，2019 年 S 镇政府公布了新一年的财政资金，设立了专项资金用于乡村振兴，对涉农资金集约投放、捆绑使用。

2019 年，S 镇更是致力于乡村振兴的建设，S 镇直属的地级市 W 市积极推动乡村振兴战略的实施，向 S 镇所在的县级市 A 市发放财政专项扶贫资金 2 514.50 万元（其中省级财政专项扶贫资金 1 073.50 万元，W 市财政专项扶贫资金 1 441.00 万元）、财政预算安排专项扶贫资金 2 166.50 万元、公益事业扶贫资（基）金 596.00 万元，促进了各村基础设施的建设和公共服务能力的提升。各项数据构成如表 5-1 所示。

表 5-1　S 镇 2019 年财政资金收入　单位：万元

资金类型	金额
（一）省级财政专项扶贫资金	1 073.50
1. 2019 提前批年乡村振兴重大专项资金	763.50
2. 2019 年乡村振兴重大专项资金	310.00
（二）W 市财政专项扶贫资金	1 441.00
1. 市财政支持扶贫专项资金（第一批）	870.00
2. 市级财政专项扶贫资金（第二批）	571.00
（三）财政预算安排专项扶贫资金	2 166.50
1. 扶贫项目资金	570.80
2. 按 20%统筹整合林业补贴	6.40
3. 140 兆瓦集中式光伏收益金	1 545.00
4. 办公业务费	10.80
5. 建档立卡工作经费	13.50
6. 第三方项目验收费	20.00
（四）公益事业扶贫资（基）金	596.00
中央革命老区公益扶贫基金	596.00
总计	5 277.00

可见，S 镇乡村振兴工作的开展需要大量资金支出，但是在经济发展较为落后的情况下，除了财政资金的扶持，也需要发动社会力量来助推乡村振兴工作。“引导—虹吸—扩张”效应链的实现建立在 S 镇财政引导机制的基础上，政府财政作为主导，投入大量资金重视农村建设。乡村振兴重大专项资金主要用于 S 镇产业扶贫等工作，乡村振兴战略的核心是产业兴旺，产业扶贫是产业兴旺的基础，是乡村振兴的关键。为更有效率地开展乡村振兴工作，S 镇依托乡村赋能项目，鼓励全镇村民积极参与该项目，并配备村干部帮扶项目，带领村集体脱贫致富。农户是乡村振兴的参与主体，政府通过各种措施对农民进行引导和鼓励。但仅靠当地村民的力量，发展规模小，发展资金不足，理念跟不上，带动力有限，于是 S 镇一年之内引进高层次人才 4 人，3 个市级以上驻村工作组入驻 3 个行政村，带头发展产业，实现一对一帮扶，令农民积极投入建设当中。用当地人的话说，“领导带着干，干部领着干，群众跟着干”。

在政府看来，农民承受能力差，缺乏技术和应对市场的能力，为了使村民更加积极主动地参与到乡村振兴中，那些有实力的干部应该领好头，用成绩带动村民。尽管从逻辑上来说，这种方式是可行的，但是单单依靠农民很难实现产业大发展。一方面，农民没有足够的资金支持；另一方面，生产线、生产技术及销售信息都需要依靠政府扶持。因此，当地政府需要与经营管理和技术成熟的企业联结，从而减轻政府在经营管理和农业技术培训方面的压力。当然，合作企业成熟的管理和激励机制能够吸引更多村民，村民自有资金的投入使乡村振兴建设的投资信心更容易被建立起来，从而为村民带来更高的经营利润。但是，农民没有成熟的市场经验，仅仅为企业、政府打工显然不是长久之计。S 镇乡村赋能工程便解决了这一问题，当地政府整合各渠道乡村振兴项目配套资金 2 867.25 万元，依靠北京 EY 科技有限公司为其建立的电商平台，将农特产品挂到平台上进行销售。同时为每户村民开设了店铺，实行一户一店制度。让村民参与市场竞争是该项目的定位，之所以有这样的定位，就是为了让村民能够在市场中独立发展，能够通过自己的努力在市场中占据一席之地。要想做到这一点，村民首先应将精力放在技术的掌握上，所以在初期，政府部门为村民的技术学习提供了诸多资源，并用政策帮助他们发展。

S 镇依托乡村赋能项目，在其丰富的自然资源基础上，创建了合作社以及生产基地。如果村民能够通过该赋能项目参与到激烈的市场竞争中，并且能够独立解决在市场中出现的各种问题，其收入水平也可以因此实现增长，就说明该项目是成功的。在项目实施的过程中，财政资金主要被用在三个方面：一是建设生产基地；二是引进种植种子；三是开展技术培训。

S 镇借助乡村赋能项目，取得了良好的效益。在财政资金的支持与引导下，越来越多的金融资金和社会资金投入S 镇，助力该镇的乡村振兴建设，财政资金通过“引导—虹吸—扩张”的效应链成功实现了引导机制。

5.4 S 镇金融资金的动员机制

在财政政策的引导下，S 镇的乡村振兴赋能项目获得大数额的金融资金，金融机构具有很强的带动能力，与财政资金结合，S 镇能够拥有更大的发展空间，由此可见，财政引导对于乡村发展具有推动作用。乡村赋能项目建设过程中，为带动全镇村民增收致富及项目资金高效运转，S 镇所在地市使用政府购买服务的方法开展光伏扶贫，其中，光伏发电项目就是当地政府以这样的方式向中国农业银行贷款 2.76 亿元建成的。S 镇的 14 处荒山荒坡等非利用地块就是该项目的所在地，贷款的归还主要依靠光伏发电所产生的收益，在归还贷款之后，每户每年获得不少于 3 000 元的扶贫补助。针对这项贷款，政府部门出资建立了专门的风险基金，对其进行三年的贴息补偿；此外，贫困户还可以申请无抵押类型的贷款，这使得他们获得了实实在在的优惠。另外，中国农业银行发放的富民生产贷，有效带动了建档立卡贫困户加快脱贫步伐。富民生产贷是一项精准带动到人的扶贫信贷产品[58]，他们只要为一位贫困人口提供就业机会，或者带动一位贫困人口实现收入稳定增长，就可以获得优惠利率类型的贷款，贷款金额为 5 万元。与此同时，贷款利率的上涨空间限制在同期基准利率的 30%以下，财政每年可以给予 3%的贴息。

值得一提的是，中国农业银行 W 市分行与 S 镇对口帮扶，积极建设水利设施管网、实施产业开发扶贫项目和技术培训，变被动救济为主动脱贫。中国农业银行提供 20 万元产业扶贫贷款用于樱桃、草莓、大桃等农作物种植，出资完善了村里的基础设施。

依托 S 镇产业优势和电商平台的组织服务优势，S 镇与中国建设银行合作，成立了“惠农通”S 镇金融服务站，为合作社社员及农村居民提供现金提取、转账汇款、投资理财及生活缴费等生产生活服务，为农村提供金融下乡服务，与资金互助互补，打通金融服务的“最后一公里”，并逐步在全市推广。农村合作金融，发挥了金融在农业生产领域中的服务功能带动作用，由基层供销社发起，社员入股，在 16 家专业合作社内部开展资金互助，累计发放互助资金 1 834 万元。S 镇与当地的农村商业银行展开深入合作，开展“新型农业经营服务主体+市场+银行”的合作模式，服务中心交易现金、电子结算等全部委托该银行负责。

政策性银行也一直走在支持乡村振兴战略的最前列，为农村发展提供信贷支持。中国人民银行提供的资金产业扶贫贷款，在不超出扶贫生产经营主体综合授信额度的前提下，按照每带动 1 个建档立卡贫困户原则上最高不超过 20 万元的标准，向符合再贷款投向并带动建档立卡贫困户的各类生产经营主体发放扶贫信贷产品。A 市（S 镇所在县级市）农业综合开发办公室投资 680 万元建设 S 镇 5 000 亩高标准农田项目，以提高农田利用率，促进农业的可持续化发展，使粮食质量得到保证。

5.5　S 镇财政金融资金与社会资金协调对接

5.5.1　“三化”实践“还权赋能”

1. 承包土地股权化

村民以承包经营权入股成立合作社，由合作社统一对外流转土地。在这一过程中，村两委（村级党组织和村民委员会）与合作社需要做好沟通工作，对农地入股为村民带来的益处进行详细介绍，并对入股程序与入股原则做出具体说明。村干部负责召集农户，合作社与农户协商一致后，签订相关合同。为了方便机械化运作，相关部门对入股的最小面积进行界定，流转的土地需要集中，能够形成200 亩以上的连续耕种面积；除此之外，有关部门也对流转的期限进行了界定，时间在五年以上，但是最长不超过第二轮承包期所剩下的年限。合作社利用现有资金购入现代化农机，全部实行机械化作业。通过与厂家直接联系签订购销合同，降低采购成本。合作社注册了“爱上青山”商标，实行品牌化营销，采取订单农业，以销定产。农地入股的利益分配机制是对交出承包权的农户进行分配的，按照每亩 1 股的比例进行分配，最多不超过 2 765 股。另外，还会按照户籍人口进行配股，每人可以获得 1 股股权，最多不超过 2 668 股。这样算下来村民最多可以获得 5 433 股股权。获得股权的村民都会获得一张股权证，入股农民最低能收获 4 500 元/公顷的分红，除此之外，村民委员会也会收获每公顷 450 元的服务费。最终所获得的股权分红收益中，合作社分占 40%，农民分占 60%。另外，合作社还需要把获得的收益交付村民委员会 10%（纯收益=合作社毛收入－社员保底收益－合作社投入生产成本）。土地入股的方式使土地耕种面积得以增加，数据显示，相比于之前，土地入股之后的总耕种面积扩大了 10%，这使得农产品的收益与产量都得以提升。土地入股不仅使土地经营呈规模化发展，还提高了合作社的话语权，这有助于采购事宜的商谈，有助于生产成本的降低。规模化经营更便于机械化操作，减少霉变和腐坏，提高粮食的商品率。S 镇的合作社对种植成本进行了对比，对比结果显示，采用规模化生产之后，每亩地的成本比自己种植的成本降低了约 30%。此外，科学化的生产模式降低了农作物的虫害率，大大提升了农作物产量，高产优质的农作物使市场价格有所提升。

2. 集体资产股份化

为放活土地经营权，保持现有土地承包关系稳定并长久不变，山东在全省范围内核对集体资产，对农村地区的集体经济组织进一步完善。S 镇推行集体资产股份化，按照《农村集体经济组织股权证书管理暂行办法》《农村集体经济组织管理办法》等一系列规章制度，确保工作扎实规范推进。先选择三个村庄展开试点工作，这些村庄有两个特征：一是领导班子具有较强的领导能力；二是有一定数额的经营性资产。

在展开试点工作之前，首先，有关部门需要对村级的集体资产进行充分了解，并对其进行核对，使村成员财产得到充分保障。通过核对发现，到 2018 年 6 月底，S 镇三个试点村落有 2 721 万元的村级集体资产；有 1 028 万元的对外投资资产；除此之外，三个村落的固定资产约为 2.95 亿元，还有 3.1 万亩地属于资源型资产。另外，三个村落还有 5 883 万元的应收债款和 7 951 万元的债务问题。其次，要对集体成员的身份加以确认，在股权改革中，这项工作处于基础性地位，集体成员能否获得股权关键在于对其身份的确认。三个村落共 907 户，有 3 252

人属于集体成员。最后，对股权加以确认，股权管理采用静态管理模式，并向获得股权的家庭发放证书。三个村落的村民纷纷将建设用地、山坪塘等进行入股，合 1 456 万元股价，合作社将股份按户籍人口配发给村民，经营收益按股分红，实现了农村集体资产由共同共有到按份共有的转变。

试点工作完成之后，S 镇对其他 83 个资产量较高的村落进行产权改革，使农民享有六个股份权能，这些权能只对集体资产有效，以经济合作社的形式生产。村成员和集体资产之间是利益联盟的关系，共享利益、共担风险。此外，政经分离也是其发展特点之一，合作社和村民委员会分别管理各自账务，合作社统一管理村落中的各类资产，与此同时，合作社也对收益进行统一支配。S 镇乡村赋能公司制定了基本交易原则，规定了哪些交易品种可以在交易平台中进行交易，规定了具体的收费标准，规定了处理纠纷的原则和市场运行原则。

2019 年 7 月，试点村落有一个林木转让项目，转让面积是 12 亩，最初规定的转让价格是 14.2 万元，在 S 镇乡村赋能平台上完成竞价之后，最终以 22.6 万元的价格成功转让。这说明市场交易更有助于体现资源价值，更有助于实现资源的高效配置。股权平台加强了企业、合作社及贫困村民之间的联系，帮助村民拓宽了脱贫方式，为其提供了致富新方式。

3. 农村资源资本化

尽管现在农村的资源优势得到了很好的显示，但是要想使农民从中受益，需要进一步对资源优势进行转换，使其实现资本化。在这一过程中，不仅要依靠产业化的运行模式，还需要依靠现代化的运行技术。对于农村地区来说，最大的优势就是资源，但是有些资源只能在当地使用，如空气、民俗等。如果能将当地资源在当地转化为资本，则可以让更多的当地居民从中获益，有助于村民满足感和幸福感的提升。其实在进行资本化转化的过程中，其生产方式并不一定需要改变，但是，如果原有生产方式比较低端，则可以加入一些比较现代化的生产方式。通过对 S 镇的调研发现，该镇镇政府引进社会企业合作开发乡村赋能项目，成立乡村赋能有限公司，企业通过现金入股，村集体用集体建设用地入股，经营利润由乡村赋能公司分配至村组，再由村组分配给村民。樱桃、草莓等农作物是当地特产，在实施乡村赋能工程后，这些特产的营销手段实现了现代化，面向的客户群体是广泛的、高端的。例如，农特产品实现网上销售，樱桃树网上领养，让消费者亲自体验农作物种植过程。尽管从生产耕作的角度来说，这些农产品仍然使用传统的生产方式，但是在管理和营销的过程中，引入了许多现代化手段。这些手段的加入，使原有的低端产业逐渐向高端产业发展，进一步提高了产业利润。

"三化"实践实现了将财政补助形成的资产量化为集体资产，保障了村民集体经济组织成员的权利，赋予村民对承包土地和集体资产股份占用、收益的权利，丰富了村民的收益形式，能够使村民从三个渠道获取收益（一是务工渠道；二是股份分红渠道；三是土地流转渠道），还使得有户无地矛盾得到了解决。2019 年，三个试点村落 907 户入股农户实现年分红 100 万元，户均 1 000 元左右。

5.5.2 “三换”实践“盘活资源”

城镇化发展使劳动力涌向城镇地区，这使得当地许多土地无人管理，出现了荒芜现象。对于进城务工人员来说，土地的重要性正在减弱，许多农民也有了退出土地经营的想法。目前，有退出土地经营想法的农户家庭主要有三种类型，第一种是在城镇地区拥有住房的家庭，第二种是已经把土地转让出去的家庭，第三种是有养老保险的农村居民。

1. 退地换现金

该方式主要针对在城镇落户、在城镇稳定就业、有社会保障的农户。在 S 镇龙门村等村，如果有村民自愿退回承包的土地，他们将会获得现金补偿。如果已经把户口迁至城镇，并且在城镇有住房、有稳定工作与社保的村民愿意永久退回承包地，村里会以两倍的土地流转价予以补偿，按照 30 年来计算，每亩地给予住户 3 万元补贴，值得注意的是，这种补贴属于一次性补贴；愿意长期退回承包地的农户，村里则会按每亩 1.19 万元给予一次性补贴，补贴标准是每年每亩 850 元，以 14 年为限。从可行性上来说，目前这种退换模式面临一个十分关键的问题，那就是这笔费用从哪里出。按照上述标准来算，龙门村等需要给予农户 80 多万元的补偿金，但是由于村集体没有能力承担这笔费用，所以目前这笔支出主要源于政府财政，S 镇政府将改革经费筹借给龙门村等村落。

2. 退地换股份

常年在外、不需要依赖土地生活的村民，可以使用退地换股份的政策。也就是说，村民可以将土地经营权换为股份，可以从中获得分红。这种共享土地收益的模式，不仅使退出补偿费得到了解决，还使得农村地区实现了规模化经营。在这一过程中，这些农民仍然拥有土地，只不过拥有的形式变为了股份，同时，他们还享有获取征地拆迁收益的权利，此外，他们还可以收获一部分土地收益。在城西村等村，试点推行退地换股，在发放补偿款时，主要有两项标准：一是退出年限；二是土地的流转价格。在核算农户股份时也是按上述两个标准进行，村民自愿退地之后所获得的补偿金可以放在合作社中，并享受年度分红。2018 年，城西村等村的 251 户村民一共退出 356 亩土地，村集体在整理完所有退地信息后，将其交给 S 镇乡村赋能公司建设乡村赋能项目，所有退地村民，每户每年最少可以收获 1 700 元的年底分红。

3. 退地换保障

该模式针对性较强，主要针对那些没有劳动能力并且愿意永久退地的贫困村民。如果他们愿意永久性退地，每人可以获得 2 万元的养老金，并且参保人员每人还能获得近 5 000 元补助。王成云两口就是试点村落的村民，他们选择退地换保障之后，每月可以获得360元的养老补助。整个村庄中，有12户村民选择了退地换保障，共计 23 人，一共退出 38 亩地。这种模式能够保障贫困户的基本生活，在这一点上具有创新性。对于农民来说，土地一直是其生存的基础，不仅是他们进行个人生产的基本资料，也是他们获取社会保障的主要途径。但是对于没有劳动能力的人来说，土地最主要的价值体现在福利的保障上，退地换保障举措对于他们来说可以产生积极意义，具有较强的可行性。

值得一提的是，退地换现金、退地换保障需要大量资金，而这单靠 S 镇政府财政是难以支撑的。“三换”过程中，当地金融机构和乡村赋能项目积极与 S 镇政府展开合作，提供了大量资金。同时，S 镇所在 A 市的财政也给予了鼎力支持。在多方共同努力下，“三换”实践得以顺利进行。

“三换”实践解决了“人怎么安置、地怎么集中、钱怎么筹集”等问题，实现了农村土地资源高效利用①。截至 2019 年底，S 镇已有 110 户退地换现金 131 万元，3 370 户退地换股份，42 户退地换保障，累计退出土地 8 005 亩，流转土地 8.6 万亩，培育农业经营主体 641 个，规模发展草莓、樱桃、大桃等产业，助农人均增收 1 000 元左右。

5.6 S 镇乡村振兴投融资机制运行存在的问题及启示

5.6.1 S 镇乡村振兴投融资机制运行存在的问题

1. 增加了治理的交易成本

S 镇贯彻乡村振兴战略，实施乡村赋能工程，积极组织各投资主体参与乡村振兴建设，构建财政、金融、社会资金多方参与的投融资机制。在全镇各村参与

① 退地换现金、退地换股份、退地换保障的“三换”模式最初是在四川省内江市市中区进行试点的。

乡村振兴的过程中，产生的第一个问题是治理交易成本的增加。在村级组织自主治理时，并没有多元治理主体，村组的治理资源主要由两方面组成，一是人情关系，二是共同利益，而这使得治理成本大大降低。但是，当治理主体变得更加多元以后，不论是治理制度还是相关规则都发生了极大变化，此时治理成本显著提升。

治理主体变得多元化以后，当需要进行项目决策时，必须彰显农民在其中的主体性，必须对基层治理工作进一步规范，对基层决策实施痕迹管理。同时，因每个农户不论在技能方面还是在拥有的资源方面都不一样，而且在项目中的参与手段也各有特点，如有的人是通过创业参与项目，有的人是通过就业参与项目，所以可以将农户分为三种类型，即收益型、创业型和就业型。不同类型农户在信贷方面的需求不同，同时也存在不同的社会生活需要。2019年3~4月，村民小组长挨家挨户发放并回收的入户调查表显示，村民在房产及汽车等方面的需求越来越多，因此S镇需与房地产企业、汽车企业等洽谈，以互惠条件吸引这些企业以投资者的身份加入乡村振兴的队伍，这无疑增加了项目的交易成本。另外，每年的调查工作都需要花费15天左右的时间，而以往召开小组会议仅需2天时间，这使得交易成本大大提升。

在项目委托中，要想进行规范治理必将提升交易成本。当治理主体变得更加多元以后，根据新制度，必须委托相应企业作为实施主体，这一主体必须不属于村庄，同时必须拥有相关资质。村庄原有的各类资源和资金规模有限，项目实施主体难以从中得到足够收益，必然降低他们的参与热情。当地政府及各村级组织需要整合多方资源，寻找能承担并实施乡村振兴项目的企业，这必将增加交易成本。S镇的乡村赋能项目花费了大量的人力物力，通过多方调查寻找，最终确定了六家企业负责项目的具体实施。

2. 政府财政引导能力不足

S镇所在的县级市A市，经济发展水平较为落后，开展的乡村振兴工程虽得到了直属地级市W市政府的高度重视与支持，但整体的财政引导能力依旧较弱，急需增砖添瓦。S镇已经建成了“乡村振兴赋能运营中心”及示范项目样板间，逐步将乡村振兴的经验推广至整个A市、W市及山东省。接下来，需要进一步借力财政资金的引导力量，A市财政较弱，就努力争取W市、山东省、国家乡村振兴局的财政补贴，以现代农业产业园为出发点，发展多产业集群，建设产业强镇、农业强县。

在财政支持下，S镇乡村赋能工程实现了依靠龙头企业牵头带动乡村发展，企业的经营管理和农业技术相对较强，规模化管理避免了散户难以整合的繁杂，从而带动整体的增收致富。这一方式下，政府发挥自身作用，制定各类政策对企业进行技术培训，并提供了许多配套设施。同时，在政府政策支持下，企业整合农业资源时并不需要花费太高成本，此外，政府还制定了多项优惠政策来支持企业的研发和生产工作。

3. 资本投资领域趋同化

在实际运作过程中，资本下乡是盲目的，许多投资者只看到了利益点，却低估了农业创业的风险。通过细致调查发现，在 S 镇，许多农产品如樱桃等产生的经济效益极大，于是其种植规模就很大，有的在水果产品中占比超过 80%，而这会使供给过多，许多供应者不得不以低价销售给消费者，农民从中获得的收益屈指可数，从而造成亏损。这是因为投资方并不了解农业生产的特点：一是并非短期就能完成；二是季节性明显；三是呈现周期性。因为不了解，所以盲目投资，同时令同质竞争更为激烈，这不但不利于后续投资，也不利于后续生产。还有一些公司不了解农业方面的风险，对管理能力认识也不足，在实际生产过程中，常因决策失误对生产效果造成不利影响。这些企业的盲目投资不但会令农户承担更大风险，而且会打击投资者热情。

5.6.2　S 镇乡村振兴投融资机制运行的启示

总结 S 镇乡村振兴建设的经验，构建有效运行的投融资机制必须发挥三方作用：首先，“三农”必须发挥自己的力量；其次，政府必须制定政策进行扶持；最后，社会力量需要积极参与其中。

第一，政府必须引起足够重视，做好财政投入工作。以工补农、城市反哺农村，政府必须做好整体设计和规划工作，制定科学流程，自上而下进行领导，确保行动的统一性和科学性。在 S 镇的实际工作中，政府只起辅助作用，其中的主体是当地农民。当政府进行帮助时，需要将资金集中，然后进行统一安排，重视基建等重点领域的建设。对于政府而言，公共财政必须提供良好条件助力当地经济发展。另外，政府还需要鼓励农民发挥主体性，依靠三方面动力对农民产生带动作用，令其积极自愿参与到农业生产中，这三方面一是项目开发，二是农民自愿自主，三是政府提供支持。

第二，令三类金融实现充分融合，进一步健全农村地区的金融系统，这三类金融分别是商业金融、合作金融、政策金融。在农村地区的投资和融资机制里，最重要的莫过于农村金融，只有充分发挥农村地区金融的功能，才可以实现良好氛围的营造，才可以获得充足的社会资金，才可以令需要资金的人拥有足够的融资能力。S 镇基本形成了以政策金融为导向，商业金融和民间合作金融为补充的金融系统，以此提高农户参与的积极性，同时对农村地区投融资系统进行健全，提供更多融资途径来助力农村地区的经济发展。

第三，政府必须充分结合市场，发挥自身协调作用。在振兴乡村期间，政府首先需要解决自身存在的问题，如并未充分发挥自身的职能作用等，其次需要重视对农户的引导和鼓励，重视对社会资本的引导。社会组织的建立，以促进乡村产业发展和解决生活困难为活动宗旨，只有乡村的产业发展起来，劳动者才有就业机会和劳动收入，才能解决家庭的生计问题；生活帮扶活动的开展，使生活困难者有了生存的希望，打牢了乡村振兴的经济基础[59]。现阶段，应该鼓励引导工业品下沉，使工业和城市非农产业不断向农村渗透。

第四，主体让利和盈利必须达到一定平衡。在建设S镇时，首先需要完成利益联结体系的建立工作，这一体系中需要三方参与，即该镇农户、合作社、各类公司。该镇的乡村赋能公司就通过资本投资积极投身到农村建设中。同时，通过改革当地产权机制，令更多社会资本涌入当地，此时需要社会资本和农户实现良好合作，两者之间需要进行收益效益制度的构建。具体而言，如村民通过多种方式成为股民，常见的入股方式有三种：一是利用宅基地得到一定股份；二是利用流转土地得到一定股份；三是通过合作社村集体资产得到一定股份。通常有两方面会决定实际利益联结制度种类：一是政策制度；二是当地实际。可以按照农户及各类企业的需要选择合适手段，如通过土地入股获得一定股份，从企业收益中分红等，这不但对工业和农业发展十分有利，而且能够实现共享共建目标。通过分析实际情况能够看到，S 镇是典型的共享利益、共担风险模式，在这样的背景下，各类公司不但可以得到社会效益，而且能够获得实质利润，也就是经济效益。通过对经济效益的分析能够发现，该镇通过对自身资源的有效利用，依靠成熟电商技术，创建了品牌，同时促进了农民增收。社会效益方面，项目对增加农民的就地就业及增加地方财政收入具有重要意义，获得了当地村民及政府的支持。这类共享利益、共担风险的发展模式能够助推乡村发展。

5.7 本章小结

S 镇通过乡村振兴赋能项目，致力于乡村振兴建设，取得了良好的效果，其投融资资金的运作如何进行，是本章主要探讨的内容。研究发现，S 镇财政拨款投资资金主要发挥引导保障作用。S 镇所在地级市积极致力于乡村振兴战略的实施，促进了各村基础设施的建设和公共服务能力的提升。乡村赋能项目建设过程中，S 镇采取政府购买服务模式，通过中国农业银行提供的扶贫贷款推进光伏扶贫；通过中国农业银行提供的产业扶贫贷款推广樱桃、草莓、大桃等农作物种植；依托 S 镇产业优势和电商平台的组织服务优势，S 镇与中国建设银行合作，建设成立“惠农通”S 镇金融服务站；S 镇与当地的农村商业银行展开深入合作，开展“新型农业经营服务主体+市场+银行”的合作模式，加之政策性银行的各类扶贫贷款的支持，促进了 S 镇农业可持续化发展。值得一提的是，S 镇财政金融资金与社会资金实现了协调对接，承包土地股权化、集体资产股份化、农村资源资本化的“三化”操作实现了财政补助形成资产量化为集体资产，保障了村民集体经济组织成员权利。退地换现金、退地换股份、退地换保障的“三换”模式解决了“人怎么安置、地怎么集中、钱怎么筹集”等问题，实现了农村土地资源高效利用。

S 镇的乡村振兴实践正如火如荼，诸多乡村振兴项目已成为其他县市学习的样板。乡村振兴所需资金额度巨大，S 镇的投融资运行尚存在许多不成熟的地方：一是多元主体参与和规范化治理增加了交易成本；二是 S 镇所在的 A 市财政力量较为薄弱，财政引导能力不足，需要积极争取 W 市、山东省政府、国家乡村振兴局的财政支持；三是投资者的能力有限，S 镇的农业投资出现了趋同化的现象，大规模趋同化的盲目投资增加了风险，降低了收益。本章总结 S 镇的实践经验，提出构建有效运行的投融资机制，必须多方面力量有效联合，发挥“三农”的主体参与作用，实现农村金融的充分融合，发挥政府的引导和协调功能，构建利益联结机制，鼓励社会资金广泛参与。

第6章　乡村振兴投融资机制完善建议

乡村振兴投融资机制由财政资金的引导机制、金融资金的动员机制及社会资金的对接机制构成。虽然各地区均是按照上级发布的乡村振兴战略规划统一建设，但结合S镇乡村振兴战略的实施进程来看，各地区的乡村振兴应是充分结合自身特点而进行的。因此，本章根据理论分析和 S 镇乡村振兴投融资运行的实践，提出本篇的对策建议。

6.1　发挥财政资金的引导作用

6.1.1　财政资金对金融资金、社会资金的引导渠道

政府在安排财政支出时需要重点关注我国农村农业，如提升支出金额和占比等。同时政府在安排财政支出时必须对农村地区的公共服务和基建设施两个方面进行充分关注。具体而言，主要涉及社保领域及教育、卫生等领域。政府必须确保在增长速度方面，农业投入比日常财政支出高。而且，划拨财政资金时，需要照顾相对落后的地区和人口，如此才能助推城乡发展更加均衡。

财政涉农资金的支出重点，为振兴乡村指明了方向，当前各种关于乡村振兴的基金有很多，在乡村振兴中已经加入了更多社会资金，农民参与意识增强，财金互融，财政、金融、社会和当地农民构成的四方投入格局已经形成。同时政府利用担保及以奖代补等多种手段对社会资金的投入进行了引导，令财政的杠杆作用得到了充分发挥。此时五方面互相作用和影响，从而令金融协同框架得以形成，这五方面一是担保方面，二是社会方面，三是保险方面，四是金融方面，五是财政方面。通过各项政策的颁布，许多地方都建立了省内交易制度，形成多元化投入格局。其中涉及两个指标，一个是增减挂钩节余指标，另一个是补充耕地指标，这使得县域中耕地及建设用地无法平衡这一难题有望解决。

6.1.2　设立财政资金的使用利益联结机制

当前在使用政府扶持资金时，最大问题是低收入农户参与不多，许多资金利益的最终占有者并非低收入，甚至较为富裕，所以当前必须鼓励先富带后富，使低收入农户能够得到项目收益。这可以通过设立财政资金的使用利益联结机制来实现。

推广合同方式的利益联结方式。这一联结方式指的是在产业化组织中，不同利益主体会按照合同内容来划分权责，从根本上看，它就是价格形成机制。此方式在相对落后地区尤其是那些重点企业带动低收入农户发展的组织里使用十分广泛，这类合同方式最为常用的有三类：一是准价格机制，它指的是重点企业根据平等关系向低收入农户收购，收购价不低于市场价，由于这类机制并不稳定，所以作用并不大。二是合同保证价格，它指的是重点企业根据合同价格向低收入农户收购，收购价既可能是近些年市场价的平均值，也可能是成本预测值和利润最小值之和，此方式较为稳定，低收入农户的一些市场风险被重点企业承担了。三是市场保护价格，它指的是重点企业在向低收入农户收购时，会进行保护价的设定，收购价为保护价和市场价中较高的那一个，这类机制对重点企业十分不利，但能够充分保护低收入农户的利益。通常低收入农户不但没有足够的启动资金和生产资料，而且无法承担较大风险，所以通过合同方式的价格机制能够令低收入农户在产业发展中的参与积极性大大提升。

鼓励合作社式的利益联结方式。这一联结方式中，低收入农户或者一般农户可以自愿选择是否参与到合作社中，然后通过合作社来展开市场竞争，从中获得收益。此方式能够对个体农户存在的不足进行弥补，通过协作得到足够的技术及资金等要素。通常合作社有两类责任，首先需要提供给社员培训、资料购买、运输保存及产品的销售加工等服务；其次需要和下游对接，进行产销合同的签订，承担中介需要履行的责任，做好内部相关监督工作。

发展资产收益的利益联结方式。这一联结方式最大的特点是，和合作社等相比，农民入股时的种类等方面更为具体，在新型农业经营里，低收入农户的股份主要包括以下三方面：首先是部分农村地区集体资产量化；其次是土地承包经营权利；最后是政府提供的扶持资金。在这一联结方式中，低收入农户能够得到多样化收益，如就业方面会得到指导，同时还能够得到分红，还可以回购产品等。整体来说，低收入农户拥有得到扶持资金的权利，但是目前还没有评估这一权利能不能完成转化目的。为了实现转化目的，为了令低收入农户得到更多收益，各个地区可以将那些未曾给到低收入农户手上的扶持资金用到旅游及特色小镇发展中，等得到收益以后再按照相关标准给予低收入农户，低收入农户可以继续将这些资金在合作社或重点企业中入股，然后继续得到分红等收益，如此便实现了资金的循环获利。另外，政府需要在税收等方面为低收入农户提供支持。

6.2 加强金融资金的动员机制

6.2.1 落实金融领域的责任和考核制度

为了进一步落实乡村振兴战略，需要在金融领域的基础上，将该战略的考核方式与责任制度进一步落实。此外，有关部门还应该综合测评在乡村振兴战略落实的过程中，金融机构具体的工作情况及其所发挥的作用，测评标准和测评方法均由省农业农村厅及中国人民银行来确定。在测评的过程中，既要采用逆向约束的测评方式，也要采用正向激励的测评方式。不同级别的行长都应将自身责任落实到位，不同层级的网点都要对乡村振兴战略实施状态进行上报。在对金融机构进行测评之前，需要将其划分成三组，划分的标准是金融机构的类型和规模，在测评的过程中，以组为单位完成计分、排序和评级工作。第一组金融组织有三类，一是农村信用社，二是国有商业银行，三是中国农业发展银行；第二组金融组织有两类，一类是城市商业银行，另外一类是股份制类型的商业银行，如招商银行；第三组金融组织主要由农村地区的新型金融机构组成，具体包括村镇银行和农村资金互助社等。考核评估指标主要有两类，一类是定性指标，另外一类是定量指标；定性指标主要有四项，即金融创新、政策执行、外部评价和机制建设；定量指标主要有四项，即贷款结构、产品创新、贷款总量和金融服务。定量指标的总分与定性指标的总分加在一起就是金融机构考核评估的最后得分。按照不同的分数，考评结果可以分成不合格、合格、良、优四个等级，从原则上来说，优等机构的数量在机构总数中应占30%以下，良好机构的数量在机构总数中应占50%以下。另外，优等机构无论从项目上来说还是从资金上来说，都占倾向性优势，考核不合格的金融机构会受到通报批评。

6.2.2 完善金融支持监管机制

推动农村金融监督管理体系的健全，先要通过立法对农村地区的金融机构进行完善，使其法律框架得以明确。另外，还要通过法律法规约束不同机构的经营业务及其职责。进一步补充和修订农村地区金融监管机构目前所使用的法律法规，使其法律体系拥有更强的操作性与可行性。各级政府部门，尤其是县乡级政府，在制定监管细则的时候，要与该区域具体的经济情况相结合，加强监管细则的合理性与针对性。金融机构不仅要提升自身的监管能力，还要为提高农村地区的发展水平创造机会。

在进行金融监管的过程中，可以采用差异监管法提高监管的针对性。不同的金融机构存在不同特征的金融风险，因此，在监管的过程中应该注重管理的差异性：如果金融机构拥有较强的抵御风险的能力，诸如政策性金融组织，在监管的过程中可以采用宏观的管理方法，鼓励这些机构将资金投入产业融合中，这是因为产业融合市场比较灵活自由；如果金融机构没有较强的抵御风险的能力，诸如民间的金融机构或者是农村地区新型的金融机构，在监管的过程中需要使用微观的管理方法，其资金支持主要用于融资主体，这样有助于减少套利等类型的金融事故的发生。与此同时，监管部门还应加强对与乡村振兴相关的金融机构的监管。在监管的过程中，要严格按照监管政策来实施，以达到激励和引领的效果，此外，监管人员还应拓宽评价体系的维度，增强评价体系的多元性。在乡村振兴战略实施的过程中，可以根据金融机构支持力度的不同，适当容忍一些不良贷款的存在，以此更好地推动产业融合的发展及乡村振兴战略的实施。

对农村地区的金融监管主体进行重塑。第一，要针对监管主体建立一套更加完善的准入制度，认真考核其资质，提高监管主体的专业性，提高金融监管的效率。第二，细分监管主体应该履行的责任，如在监管政策类型的金融机构的时候，需要由中国银行保险监督管理委员会和中国人民银行共同履行监管责任；在监管农村地区的新型金融机构的时候，需要由地方行政机关与中国银行保险监督管理委员会共同履行监管责任。此外，还可以在监管体系中加入内部控制，通过内部人员的互相监督，优化监管体系。

6.2.3　建立逆向惩戒机制与正向激励机制

金融资源高效支持农村产业发展，需要对农村信用分别建立逆向的惩戒机制与正向的激励机制。第一，应该用规章制度规范农村信用体系，为其制定法律法规。第二，在建立信用平台的时候，应该注重科技手段的运用，进一步扩大平台信息范围，超越区域限制、行业限制和机构限制。第三，提高奖惩制度的合理性，在对金融机构的信用做出评价的时候，要注重评价的合理性。第四，通过各种方式吸引更多的信用机构参与到乡村振兴的行列中，使征信行业具有更高的自律性，使信用机构发展得更加有序、稳健。第五，通过诚信宣教，使融资主体具有更高的诚信意识，推动诚信社会建设。

6.3 完善社会资金的对接机制

制定税收优惠制度等对民间及社会资金进行激励，令其积极投入农业建设中，同时完成支农资金稳定增长制度的建设工作，令民营资本能够拥有更多的途径展开投资。要采用诸多手段对这类资本进行吸引，令其愿意致力于乡村振兴战略的发展。通常情况下，民营资本可以加入三类活动过程中：一是国有农企和集体农企重组活动；二是农村地区的公共事业建设活动；三是农业产业化经营活动。其参与方式也十分多样，如兼并、拍卖及租赁等。

引导广大农户成为真正的投融资主体。在投资及融资中，必须让农户树立这样一种观念，那就是他们是这类活动的中坚力量，是主体。如此便能够增加农户生产和参与热情，此时政府不用过于干预农户的各种投资活动，而是令农户拥有足够的自主权，当然，作为主体，他们也需要自己来承担各种风险。同时政府还可以采取多类举措令农民获得更多收入，如推进农业产业化等。与此同时，为了令农户负担有效降低，必须深入贯彻农村地区的税费改革，如此农户才能够拥有足够的投资能力。政府还必须进行农户投资服务系统的建设，具体而言，主要需要建设四类系统：首先是策划及评估系统，该系统建成后，农户在选择投资项目时就能够得到该系统的帮助，而且能够对项目进行全面评估；其次是创业融资系统，该系统建成后，如果农户需要资金进行投资，那么当他获得三类资料后，便可以从此系统得到足够资金，这三类资料一是研究是否具备可行性的报告，二是证明培训后符合要求的合格证书，三是保险单；再次是投资保险系统，和其他各类生产比较，农业生产很容易出现各种风险，而当该系统建成后，项目投资风险就能够被该系统转移，如果希望对该系统的运作风险进行有效避免或降低，那么作为投保者，一要通过培训并且得到培训合格证明，二要得到该系统的研究报告；最后是教育培训系统，该系统建成后，农户可以经由培训得到更多的经营知识，同时得到有关创业证书。可以发现，当完成农户投资服务系统的建设工作之后，农业生产在投资方面便拥有了极好的环境，同时也能够对投资期间的资金及技术等各类问题进行有效解决。

企业结对帮扶农村建设。在农村建设中，企业发挥着重要的作用，一方面，当政府投入不够时，它能够作为补充力量；另一方面，它还能够对城乡融合起到助推作用，对以往村落及相关产业的改进也能发挥积极作用。同时需要构建企业帮扶的长效机制，利用各类渠道，使用各种手段来发挥企业的长处，通过各类帮扶手段支持农业产业的发展。在活动期间，必须按照各时期发展需要来进行长效机制的构建和进一步探索，对三方之间的关系进行科学处理。这三方一是农村，主要起配合作用；二是各类公司，是其中的主体；三是机关，主要起主导作用。在农村建设中，加入企业力量，从而进行各种公益抑或是半公益项目的建设，构建四方投入格局，这四方一是公司，它是其中的主体投入力量；二是政府，主要利用财政举措来发挥引导作用；三是信贷，主要起到助推作用；四是社会，它是其中的重要参与者。政府在这个过程中必须对财政进行有效利用，令其引导作用得到充分发挥，令群众的参与热情得到巩固提升，同时通过村企结对来助推乡村振兴战略的实现。

6.4　加强农民参与的保障机制

为促进农民积极参与乡村振兴建设，需要完善相关配套机制和激励政策。在城乡要素流动、交换的过程中，存在一定体制机制壁垒，只有满足“三农”发展的需求，确保农村要素不再单向流出，才能破除阻碍。

土地方面，将农业用地适度扩大，对土地资源用途优化配置，必要时，将社会资金用于农村闲置土地（宅基地、农房等）的投资建设。建立农村土地确权制度，明确土地产权划分、完善农村土地产权权能。只有产权明确，双方选择的合约形式才会体现出费用最少、收益最多的特点[60]。各地探索的农村“三权分置”政策，需要从法律角度厘清许多其他问题，如何明确三权界限，如何明确集体成员法律身份，集体经济组织能不能被村两委所代表等。扩大农村抵押担保物范围，要想使农村土地产权满足可抵押标准，农村宅基地使用权、农村土地经营权就必须以制度形式认定为物权。当各类土地产权的联系及边界确定后，就能够建立起产权流转程序，最终形成明确具体的农村产权制度。保障投资人及农民群众的权益，需要进一步对宅基地使用权、土地经营权的配套设备和流转市场进行完善，如此才能够确保重组资金渠道畅通。还必须建立农村评估制度，评估农村土地资产，以完善当前的转让以及租赁市场。如果农村土地产权划分明确，宅基地使用权、土地经营权的评估问题就迎刃而解。

要想完成农村土地流转市场的建设工作，必须依靠政府支持，必须拥有完善配套设施，如此农村地区产权价值才能得到有效开发[61]。在发展农业时，社会资金及社会力量能够起到极大助推作用，所以必须对其进行积极引导，令其发挥出这一作用。劳动力方面，积极引进人才，加强技术队伍建设。发布人才金政，对不同学历层次的人群，在购房、生活、租房补贴方面采用不同程度的支持力度。政府发挥带头作用对项目进行经费资助，旨在建立一流的人才团队。建立长效激励机制，如高端人才引领计划、产业人才精育计划等，引导人才向农村流动，将农民打造成新型职业，融合农业方面的科技人才及农民企业家，投入乡村建设发展。

为确保农民资本保障机制持续发力，还需保障农村基础设施，补齐基础设施短板，从而保障农民生活质量。改善农村产权转让交易市场，促进农村地区各类产权转让交易公开和规范运作。建立农村土地流转风险保障制度，保护各方合法权益。加快农村社会信用体系建设，充分利用数字技术建立市场信息服务机制和诚信管理机制[62]。此外，建立有针对性的差异化激励政策，以引导社会资金投资于适当的农村产业。

在农业和农村基础设施建设、改善农村环境和生态恢复等公共产品领域，应积极采取税收和项目补贴等政策激励措施，促使社会资金参与。农村资源开发利用领域具有一定的正外部性。在使用领域，应努力减少各种制度性交易成本，并鼓励社会资金参与；在一般的农业产业经营领域，也应在法律法规框架内尽量减少社会资金参与的制度性障碍，充分发挥市场作用。建立政府与企业之间的沟通机制，让社会资金对参与乡村振兴形成明确的政策预期，避免因政策驱动的盲目投资而浪费资源。

6.5 本章小结

完善我国乡村振兴投融资机制应从财政、金融及社会方面入手，财政方面要继续发挥其引导作用，要增设财政资金的使用利益联结机制，通过合同、合作社或资产收益的方式，促进农户增收。金融方面，应建立金融领域的乡村振兴责任考核制度，对金融机构的具体工作进行测评和监督，惩戒机制与激励机制相结合。社会资金方面，应完善对接机制，提升集体行动力，鼓励农民、企业积极参与，同时政府在这个过程中必须对财政进行有效利用，令其引导作用能够得到充分发挥。最后，还要加强农民参与的保障机制，明确产权划分、完善农村产权权能等，保障投资人及农民群众的权益。

第7章　本篇主要结论与研究展望

7.1　主要结论

本篇的标题是乡村振兴投融资机制研究——基于S镇的调查分析，立足于现阶段乡村投融资路径，对实施乡村振兴战略的典型乡村进行考察，探讨有效的投融资机制和政策建议。

第一，乡村振兴建设需要真金白银的支持，需要创新投融资机制，在农村公共财政建设背景下，优化和创新乡村振兴的投融资机制，有利于保障新时代农村建设的有序、高质、和谐、可持续发展，实现乡村振兴战略。

第二，乡村振兴战略对农村投融资服务提出了新要求。当前，农村投融资机制改革还远远没有完成，难以适应和支持农村发展与重建。"产业兴旺、生态宜居、乡风文明、治理有效、生活富裕"是乡村振兴战略的总体目标。投资和融资的两个最重要渠道是政府融资和农村融资。前者主要解决公共产品的供应问题，后者主要帮助农村微观管理实体（农民和企业）筹集资金，解决要素输入不足的问题。财政和金融必须联合起来以支持乡村振兴建设。农民本身、农村社区集体、专业合作组织、农业产业化管理组织和龙头企业等各种社会力量也应在其能力范围内为农村建设做出贡献。

第三，在运营层面建立投融资机制框架。解决"农业、农村、农民"发展中投融资不足的关键在于政府的财政投入和政策性金融支持，但是政府的财政资金远远不够，不可能涵盖所有项目和内容。为此，需要构建一个多渠道投融资机制框架，以指导投资和融资机制的创新。多渠道投融资主要是指筹集多种资金来源，如财政资金、金融资金、公司资金、集体资金和农民自有资金，并一起用于农村建设。建立以政府为牵头机构的多渠道投融资体系并不需要政府组织，而要通过政府财政和金融政策的运用来动员各个主体的职能。乡村振兴投融资机制的理想框架主要包括三个机制：财政资金的引导机制、金融资金的动员机制和社会资金的对接机制。

第四，采用案例调查法对S镇乡村振兴投融资进行研究，从财政、金融、社会资金方面分别对S镇乡村振兴战略的参与主体、组织结构及其运行机制等进行了深入分析，探寻乡村振兴投融资机制的实践经验。S 镇实施乡村振兴战略的根本动力是各方利益得到满足。政府及村委会是乡村建设的带头人，令农户有足够的热情投身产业建设；村中企业、能人大户是核心群体，其秉着社会利益先于自身利益的原则，将回报家乡、建设家乡作为实现自我价值的途径；村庄中的小农，既是最重要的参与主体，也是乡村建设主要的惠顾者和受益者，按照意愿参与土地“三化”与“三换”实践，充分利用土地资源，实现土地高效利用。总结S 镇乡村振兴建设的经验，政府做好财政投入工作，以政策性金融为导向，商业性金融为补充，注意利益联结体系的建立工作，在吸引社会资金广泛参与的同时，给予农户稳定的利益预期和利益提升空间，提升农户参与积极性。

第五，完善我国乡村振兴投融资机制。首先，要增设财政资金的使用利益联结机制，通过合同、合作社或资产收益的方式，促进农户增收；其次，建立金融领域的乡村振兴责任考核制度，对金融机构的具体工作进行测评和监督；再次，完善社会资金的对接机制，提升集体行动力，鼓励农民、企业积极参与；最后，加强保障，明确产权划分、完善农村产权权能等，保障投资人及农民群众的权益。

7.2 乡村振兴投融资机制的进一步探讨

乡村振兴实施初期，村镇干部比较倾向于有着关键资源的个体或企业，目的是尽快获取农村建设所需的资金和技术等，从而使某些个别人员或是外来企业掌握村庄资源的控制权和剩余索取权。这一行为虽然在乡村振兴建设初期是可行的，但是从长远来看，村庄资源的过度集中，不利于保障全体村民的利益。

本书认为，具体到执行层面的乡村振兴建设应包含四大主体，分别是合作社、村委、村民和企业。要借助村委的力量，充分组织和动员村民，并监督合作社的运营，保障社员特别是村民社员的利益；重视企业主体在产业化运营等方面的带头和引领作用，提高产品市场化程度；在正式制度发挥效用的基础上，充分发挥乡村中非正式制度、非正式组织的作用，使合作社能够更好地融入乡村，增强村民间的凝聚力。

首先，大多数乡村实施乡村振兴战略，是按照上级发布的乡村振兴战略规划统一建设的，而现实的乡村振兴实践调查发现，各地乡村振兴务必考虑当地的特点，结合自身优势发展适合自己的振兴模式。一要充分发挥政府财政资金的引导作用，二要借力金融资金的动员支持，三要调动广大社会资金的参与热情，四要建立村民个体的保障机制。不论如何，能把发展乡村的资金充分调动起来，参与到乡村振兴建设中来，找到真金白银，就是乡村振兴投融资机制研究的最终目的。

其次，资金利用的联结方式应该从松散的服务联结转向更深层次的合约联结。利用合同、合作社及资产收益的利益联结方式，积极引导村民以农宅、土地等要素入股，同时做好确权工作，让村民实实在在地参与乡村建设的盈余分配。

最后，应从内外两方面着手，完善各类工作的监督和约束机制。在内部方面，适当增加普通村民在村级管理机构（合作社、村组议事会等）中的出任比例，确保村民对经营情况的监督权、知情权，提高村民的主人翁意识和参与意识。在外部方面，政府应该在扶持的基础上，对其规范性运营加以引导、监督和奖励；同时鼓励当地村民、村委会积极发挥监督作用，从内外两方面建立和完善合作社的监督和约束机制，提高乡村管理的规范化程度和治理水平。

7.3　研 究 展 望

首先，要想建设更好的乡村，就必须投入足够的资金、时间和人力等。我国国土辽阔，农村面积极大，而且大部分农村地区的经济都较为落后，在进行乡村建设时，各地工作要求也不一样。本篇以 S 镇为调查对象，研究的是该地区乡村振兴战略实施过程中所涉及的资金整合状况，即乡村振兴投融资机制的形成和运行状况。这对于高度依赖自然资源、经济发展较为落后的乡村，具有较高的参考价值，但是对于其他类型的乡村发展可能并不适用。

其次，S 镇的乡村振兴已经取得了较为显著的成果，建成了乡村振兴赋能中心样板间，诸多乡村振兴项目已成为其他县市学习的模板，尤其是 S 镇的乡村赋能工程项目可在其他地区持续开展。A 市共计 14 个镇级、N 个村级，在市镇村这样一个组织架构下，建设“1+14+N”的运营体系，上下齐抓。从微观方面来看，随着乡村赋能工程的发展，单纯的农产品已经无法满足村民和市场需求，可以由政府联系房产、汽车、日用消费品、医疗等赋能联盟产品或服务，乡村赋能运营中心整合资源，以互惠条件吸引相关企业加入乡村赋能工程，从而形成更为庞大的服务链。辅助实施激励措施，引导农户积极参与乡村振兴，培育乡村的内生可持续发展动力。通过政府发放赋能券，村民可以用赋能券抵扣现金，这在帮助村民省钱的同时，也能激发村民内生动力，增强劳动积极性。宏观上，由市政府出资组建农业发展龙头公司，明确公司章程，建立农业农耕、水利建筑、农产品深加工等方面的子公司，允许当地其他涉农企业参股、控股，从而在农业基础设施、农产品供应链管理、农业品牌化运营、电子商务等方面形成服务一体化，有效整合全市农业资源，带动产业发展。

最后，S 镇的乡村赋能工程项目仍在不断健全之中，此时还无法预估未来可能出现的各种问题。通过调查发现，虽然大多数农户对乡村振兴持支持态度，且乡村建设已经取得了不错成绩，但是要完成建设工作，确保工作开展的持续性，令当地人民能够长久获益并非易事，必须由政府及当地农户等多方一起努力。

第二篇

乡村振兴项目跟踪审计研究——基于风险导向的LXG项目案例调查

自十九大报告提出“乡村振兴战略”，上至中央政府，下至地方政府，都积极响应政策号召，在全国范围内上马了诸多大型乡村振兴项目。因此，管理乡村振兴项目的建设风险，提高乡村振兴项目“落地率”成为重中之重。跟踪审计借助经济手段，控制乡村振兴项目管理过程和结果，有利于控制项目造价、改善项目管理，提升项目质量，完成乡村振兴项目建设目标。乡村振兴项目可分为产业振兴、旅游文化、生态环保和地理位置四类，其中产业振兴项目在乡村振兴项目中占比最多，其融资渠道多元化、建设环境不稳定、建设周期长，导致建设过程存在诸多风险，迫切需要为该类项目引入风险导向跟踪审计模式，对项目建设各阶段的风险进行预测和管控，以保证项目资金使用的经济性、效益性和效率性。

本篇站在乡村振兴项目角度，构建风险导向的跟踪审计模式，针对项目的五个阶段（决策、设计、招投标、施工和竣工）进行跟踪审计，识别被审计对象自身风险、审计主体风险和审计环境风险，运用风险矩阵法和专家打分法确定风险等级，根据风险等级提出风险应对措施。

本篇的 LXG 田园综合体项目属于重资金的产业振兴项目，其获得的政府扶持资金和社会资金规模巨大，如果运行不当，则会造成不可逆转的损失。本书研究团队根据深度调查获得的可行性研究报告、部分合同文件、财务资料和访谈者陈述的观点，识别了 LXG 项目的风险分布，评估了 LXG 项目的风险等级。结果发现，LXG 项目在建设过程中，招标文件、招投标程序、资金管理、设计概预算、费用索赔、工程设计变更、隐蔽工程、进度款支付等环节都存在较高风险，笔者针对高风险点提出了应对措施。

本篇的研究结果可以确定，基于风险导向的乡村振兴项目跟踪审计可以识别、评估风险分布和关键风险点，从而提出有针对性的应对措施。这种方法可靠可行，可以为其他同类乡村振兴项目提供借鉴。

第8章　研究背景及内容框架

8.1　研究背景

自 2013 年实施精准扶贫以来，城镇居民可支配收入与农村居民可支配收入的差距越来越小。如表 8-1 所示，城镇居民可支配收入呈现稳步增长的趋势，农村居民可支配收入增长率高于城镇居民，城乡收入比值逐渐下降，农村发展速度快于城镇，表明中国各级政府积极响应精准扶贫政策并取得了一定的阶段性成果。

表 8-1　2013~2018 年中国居民可支配收入情况

年份	城镇居民		农村居民		城乡收入比值
	人均可支配收入/元	人均可支配收入比上年增长	人均可支配收入/元	人均可支配收入比上年增长	
2013	26 467	7.74%	9 430	20.63%	2.81
2014	28 844	8.98%	10 489	11.23%	2.75
2015	31 195	8.15%	11 442	9.09%	2.73
2016	33 616	7.76%	12 363	8.05%	2.72
2017	36 396	8.27%	13 432	8.65%	2.71
2018	39 251	7.84%	14 617	8.82%	2.69

资料来源：历年《中国金融年鉴》

十八大以来，我国的经济发展出现了一系列问题，人口红利现象消失，农村劳动力减少，部分传统行业生产能力过剩，城市可使用劳动力减少，同时，乡村可使用劳动力人数也大幅减少，乡村逐步走向衰落。为了解决“三农”问题，习近平总书记在党的十九大报告中正式提出了乡村振兴战略，乡村是“三农”问题的核心所在，乡村振兴的本质是实现乡村的繁荣发展，实现乡村与城市的同步发展，即实现乡村的现代化。乡村振兴战略致力于解决“三农”问题，有助于“两个一百年”奋斗目标的实现。

乡村振兴战略与精准扶贫政策实现了完美衔接，促进农村全面振兴与发展。乡村振兴战略的实施离不开资金投入和乡村振兴项目建设，中央政府财政专项扶贫资金逐年增长，已经由 2015 年的 460.90 亿元增长至 2019 年的 1 260.95 亿元，如图 8-1 所示。这类项目涉及资金额度大，风险高，具有不可逆性。因此，该类项目的资金使用是否合理成为战略能否成功实施的关键。这就要求专业审计人员务必对项目资金的经济性、效率性及效果性进行严格审计。乡村振兴项目种类繁多，本篇重点研究产业振兴项目中运用新经济模式促进乡村产业更新发展的项目，这类项目和工程项目有相似之处。目前，国内针对工程项目的审计已经逐步由传统的竣工结算审计模式转变为跟踪审计模式，跟踪审计业务可单独外包给中介机构或由中介机构和企业内部审计部门共同执行。从乡村振兴项目投资企业内部审计角度出发，对乡村振兴项目实施风险导向跟踪审计。采用风险导向跟踪审计模式，一方面是对乡村振兴项目整体资金使用状况的把控，另一方面是对乡村振兴项目整个建设过程存在风险的预防与控制，以保证项目建设质量。

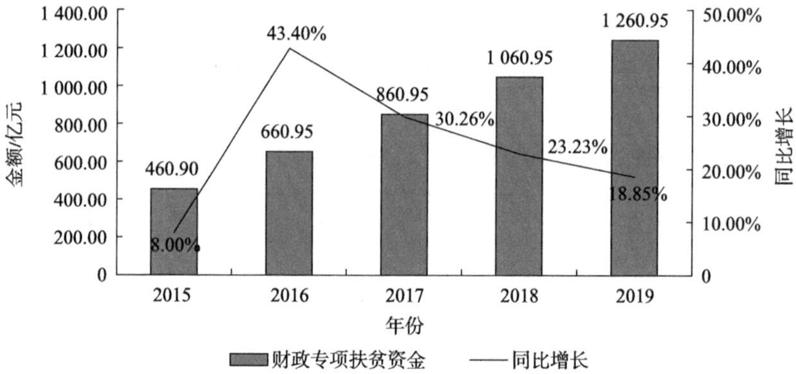

图 8-1　中央财政专项扶贫资金情况

资料来源：历年《中国金融年鉴》

现阶段风险导向审计已经成为审计研究的重要领域，但是在乡村振兴战略背景下，以风险为导向的乡村振兴项目跟踪审计研究还不够成熟，而且乡村振兴项目如雨后春笋般出现，根据问卷调查和实地访谈发现，乡村振兴项目跟踪审计存在较多问题，改进此类项目审计的工作迫在眉睫。因此，本篇从企业内部审计角度出发，研究乡村振兴项目中的产业振兴项目审计，该类项目含有多个不同类型的分支项目，如田园综合体项目、农家乐项目、新经济产业园等。针对乡村振兴项目建设各阶段的特点，识别影响乡村振兴项目跟踪审计质量的关键风险点，并评估风险等级，提出相对应的治理对策。在当前乡村振兴战略背景下，迎合了新时代发展要求，促进了乡村振兴战略的推进。

8.2　研究思路及方法

8.2.1　研究思路

首先，对相关文献进行梳理，接着分析乡村振兴项目审计状况，指出将风险导向审计和跟踪审计融入乡村振兴项目的合理性。通过实地访谈和问卷方式分析乡村振兴项目存在的问题，强调为乡村振兴项目引入风险导向跟踪审计模式的紧迫性。其次，构建风险导向的乡村振兴项目跟踪审计模式，包括风险识别、风险评估及风险应对策略。再次，运用该模式对 LXG 项目进行案例调查，寻找关键风险点，评估风险等级，提出风险应对措施。最后，根据理论分析和案例调查的结论，提出优化乡村振兴项目审计的合理建议。

8.2.2　研究方法

本篇主要运用了以下研究方法。

（1）规范分析法。通过分析乡村振兴项目的特殊性，指出乡村振兴项目建设过程存在的风险，引入风险导向审计对项目建设进行风险管控，鉴于乡村振兴项目建设周期长，跟踪审计可以对乡村振兴项目全程控制。基于理论分析，构建出风险导向的乡村振兴项目跟踪审计模式，用于识别、评估、应对乡村振兴项目各建设阶段风险，从而对乡村振兴项目建设质量、成本实现控制。

（2）案例调查法。通过深度访谈 LXG 项目，根据获取资料判断 LXG 项目跟踪审计各阶段风险分布情况，然后邀请专家打分评估风险等级，并针对风险等级较高的风险点提出应对措施。

8.3　研究内容及框架

本篇的框架体系见图 8-2。具体内容设计如下。

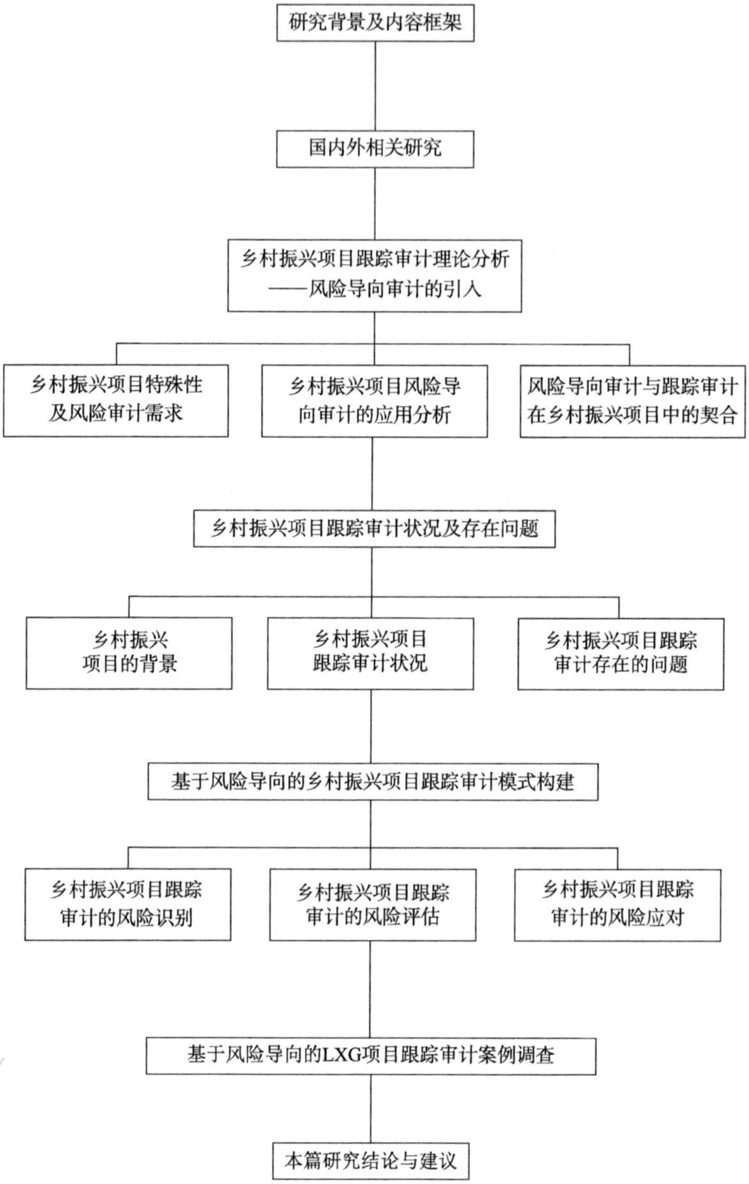

图 8-2　研究框架图

第 8 章为研究背景及内容框架。主要阐述研究背景、研究思路、研究方法、研究内容和框架及可能的贡献。

第 9 章为国内外相关研究。归纳并总结了乡村振兴战略、乡村振兴项目及乡村振兴项目审计工作开展的研究状况，风险导向审计的作用、过程、实践应用的研究状况，跟踪审计的作用、实施路径，以及跟踪审计中引入风险导向审计的研究状况。笔者发现，基于风险导向的乡村振兴项目跟踪审计相关研究较少，本篇以此作为研究出发点。

第 10 章为乡村振兴项目跟踪审计理论分析——风险导向审计的引入。主要阐述乡村振兴项目的分类及特殊性、乡村振兴项目需要风险导向审计，分析风险导向审计内涵、乡村振兴项目承接中的风险审计、乡村振兴项目实施中的风险审计及乡村振兴项目其他风险审计的应用，研究乡村振兴项目跟踪审计的内涵，风险导向审计在乡村振兴项目跟踪审计中的运用基础及乡村振兴项目跟踪审计过程中的风险识别。本篇以乡村振兴项目为研究对象，研究风险导向审计与跟踪审计在乡村振兴项目中的契合。

第 11 章为乡村振兴项目跟踪审计状况及存在问题。通过查阅资料和发放问卷，分析乡村振兴项目的背景、乡村振兴项目跟踪审计状况、乡村振兴项目跟踪审计存在的问题，总结乡村振兴项目引入风险导向跟踪审计模式的紧迫性。

第 12 章为基于风险导向的乡村振兴项目跟踪审计模式构建。首先对乡村振兴项目决策、设计、招投标、施工、竣工等阶段的审计风险进行识别，然后采用风险矩阵法和专家打分法对识别的风险进行评估，最后针对风险提出应对措施。

第 13 章为基于风险导向的 LXG 项目跟踪审计案例调查。选取 LXG 项目作为案例，依据 LXG 项目深度访谈获取的资料，对 LXG 项目跟踪审计的风险进行识别，采用风险矩阵法，邀请 8 位专家进行打分，评估风险等级。根据评估的风险等级，提出风险应对措施，为其他产业振兴项目的审计工作提供实质性建议。

第 14 章为本篇研究结论与建议。对本篇研究进行简单总结，提出风险导向的乡村振兴项目跟踪审计改进建议，分析研究不足与未来展望。

8.4　研究贡献

第一，研究视角较为创新，尽管在十九大报告后，国内学者纷纷对乡村振兴战略展开了理论研究，但是涉及乡村振兴项目审计的文献研究相对较少。本篇以乡村振兴项目为视角，从企业内部审计出发，为乡村振兴项目构建风险导向的跟踪审计模式，并运用实际案例调查资料进行识别评估，提出结合案例背景的应对措施。该模式和实际调研分析结果，将为其他乡村振兴项目审计提供实践指导意义，具有一定的贡献。

第二，LXG 项目深度研究难度较大，内部资料保密性强，访谈获取的 LXG

项目可行性研究报告、部分合同条款及财务资料较为翔实，资料可用性强。通过深度访谈识别出风险分布，然后邀请专家进行评估，发现根据访谈资料识别的风险点与专家评估结果基本一致，再次说明本篇案例调查获取的资料可靠性较强。本篇的案例调查研究可以为其他同类研究提供借鉴。

第 9 章　国内外相关研究

目前学者对风险导向审计、跟踪审计等问题已做了诸多研究，这部分内容比较成熟，而关于乡村振兴项目审计的问题自十九大以来也逐步提上日程。本章按照研究需要，对乡村振兴项目审计、风险导向审计、跟踪审计的文献进行综述，为后文搭建风险导向乡村振兴项目跟踪审计分析框架提供依据。

9.1　关于乡村振兴项目审计的研究

9.1.1　乡村振兴战略的作用及实施

国内外学者在乡村振兴的理论与实践研究方面取得了较为丰硕的成果，已有的学术成果侧重于阐述乡村振兴战略的作用、实施两个方面。

1. 乡村振兴战略的作用

叶兴庆认为，乡村振兴战略不仅遵循了“三农”发展的思想路线，体现了振兴目标的切实可行，还表现出乡村建设发展的新路线和目标[63]。兰婷认为，乡村振兴战略实现了乡村生态宜居的目标，改善了农业污染严重危及农村发展的现象，提高了农业面源污染治理的效率[64]。张可心等认为，乡村振兴战略指出新时代乡村振兴的逻辑思路与建设难点、重点，采用适宜的农村振兴发展模式，对农民全面实现现代化具有不可估量的价值[65]。杨慧莲等认为，要实现乡村市场要素的激活，就必须用足够创新的制度来加以保证，进而促进其经济的稳步增长[66]。

2. 乡村振兴战略的实施

国外学者注重实践经验学习，Mclaughlin 认为，整改、治理的政策是振兴的关键，他丰富了乡村振兴理论层面的研究[67]。Gladwin 等认为，在乡村建设中，应该积极邀请农村企业家精英传授经验[68]。Miletić 等认为，政府应该加强对农村产业的支持[69]。Korsching 和 Borich 认为，应增强不同社区之间的合作[70]。Johnson 认为，乡村振兴的关键在于乡村金融行业的发展，只有经济发展对乡村助力，才能推动乡村的复兴[71]。Slee 等探讨了苏格兰高地不同旅游发展方式对当地经济的影响，认为乡村旅游已成为乡村振兴发展的重要组成部分[72]。日本学者 Kawate 认为，改革组织对乡村发展、振兴起到至关重要的作用[73]。国内学者认为乡村文化建设能改变农民思想，增强农民主观能动性。马珂琦认为，乡村在继承传统文化基础上，创建具有自身特色的文化[74]。同时，在乡村振兴建设过程中，韩俊认为，要充分调动农民积极性、创造性，由以实现农产品数量的提升为目标转换为质量的提升，实现农业的绿色发展[3]。此外，胡月和田志宏认为，要跟进城镇化和工业化的发展步伐，不仅要保证新型城镇化进程进展顺利，还要构造好顶层设计，尽可能减弱人口流失所导致的不良影响[75]。乡村振兴战略在实施过程中，要因地制宜设计科学政策，明确好责权关系，重点构建出共享型的服务模式，并注重乡村文化的建设，进而促进我国乡村真正走上复兴之路。

目前，乡村振兴项目模式主要分为四种：产业振兴、旅游文化、生态环保及地理位置。戴旭宏认为，田园综合体是产业振兴模式的典型代表，将低碳环保和可持续发展的理念紧密融合，形成同现代农业运营管理及农民生活模式相适应的农村配套服务和经济发展模式[76]。顾利民认为，旅游文化模式下最为突出的是特色小镇，其产业建设、旅游模式、文化内涵、社区特点都已经有了明确定位，可以分别从信用、制度、生活、环境、产业这五个角度进行绿色建设[77]。此外，宦宸等认为，生态环保涉及的项目较多，村民生活层面包括供水、污水处理、固体废弃物处理等项目；农业层面包括牲畜排泄物的处理、秸秆“五料化”、农田灌溉和耕地修复等项目[78]。

9.1.2 乡村振兴项目审计工作的开展

随着乡村振兴战略的提出，审计工作也逐步与之接轨。吕劲松和黄崑认为，各级部门应该加强扶贫审计与乡村振兴战略的联系，促使各种项目资金发挥绩效[79]。李涛和黄春媛认为，应不断优化扶贫审计策略，推进大数据审计，优化乡村振兴战略与扶贫审计精度[80]。除了将扶贫审计作为乡村振兴的关键点外，裴文华认为，还要将审计与美丽乡村的建设结合起来，不断助推乡村振兴战略的实施[81]。陆宣屹认为，应加强农村审计的制度化以及规范化建设，重视乡村振兴政策落实和资金管理的状况，为乡村振兴项目建设铺好基石[82]。俞建雄认为，不断加强农村财务审计，可以助力农村发展，实现乡村振兴[83]。李成雷认为，乡村振兴重大专项资金审计面临瓶颈，需要重点关注立项程序执行、组织管理效果、使用绩效及后期管护长效机制执行效果[84]。综上所述，目前乡村振兴战略已与审计紧密结合，乡村振兴项目审计工作已经逐步开展。

9.2　关于风险导向审计的研究

国内外关于风险导向审计的研究已趋于成熟。本篇从企业内部审计视角出发，对风险导向审计的作用、过程及实践应用进行综述。2014 年 1 月，中国内部审计协会发布实施新的《中国内部审计准则》，借助风险管理进一步拓宽内部审计的职能范围。

9.2.1　风险导向审计的作用

Castanheira 等认为，企业采用风险导向内部审计的核心在于分析内部审计在公司的风险管理中发挥的作用，同时，还探索出了使用风险导向内部审计企业的主要特点[85]。Munteanu 和 Zaharia 认为，随着企业业务变得越来越繁杂，业务量随之上升，传统的审计方法和程序不能满足企业要求，所以风险管理是内部审计部门首选的审计模式，这种模式不再是解决问题，而是预防问题的发生[86]。风险导向内部审计不仅阻止风险的发生，还能提升企业的核心竞争力。赵红卫认为，提升企业价值属于内部审计的目标之一，而企业价值提升的前提条件是进行风险管理[87]。罗艳梅和程新生认为，现代内部审计部门以服务为导向，旨在对风险实现控制，这与公司管理以及治理的宗旨相契合[88]。郭伟昌和刘金凤认为，根据评估的企业经营风险结果，来衡量审计范围及重点，可改善企业内部控制和风险管理模式，最终应该保证风险导向内部审计职能提高企业的价值[89]。简言之，风险导向内部审计是以增加企业价值为宗旨的自上而下的内部审计模式，可以使审计范围精准化，发挥内审人员主观能动性，主动控制风险。

9.2.2　风险导向审计的过程

王晓霞等认为，风险导向内部审计的关键步骤在于确定审计范围、风险识别及分析、评价审计风险[90]。王晓霞认为，内部审计范围逐步拓宽，内部审计的对象不仅包含风险管理框架中所涉及的全部风险，还应包含企业风险管理过程[91]。郑小荣认为，风险导向内部审计的实施，应该由控制领域开始，然后将识别和评价组织风险作为评价内部控制的目标[92]。白华等认为，以企业经营风险为导向分析审计环境，以风险水平的高低确定审计重点，可以促进审计资源分配方式的优化，有利于企业更好地控制风险并采取相应的应对措施[93]。由此可知，风险导向内部审计过程重点在于识别、评估风险并提出有效的风险应对措施。

9.2.3 风险导向审计的实践应用

目前，国外在银行、非营利组织中运用风险导向内部审计模式较为常见。我国学者也逐渐重视对该模式的应用，有关风险导向内部审计的应用趋于成熟。Walker 等通过对保诚保险公司的欺诈案进行调查，发现其内部控制环境糟糕，展示了识别和评估风险的价值，得出风险导向审计模式比传统审计模式更能有效降低企业潜在风险[94]。马新彬认为，2008 年的金融危机之后，我国中央银行逐渐采用风险导向的内部审计[95]。梁素萍认为，建设项目施工过程多变，审计风险控制点易被疏忽，风险导向内部审计逐步被运用于建设项目之中[96]。何旭平和刘斌红以 COSO 框架为指导，在目标、组织和要素组成的三维关系与风险管理和内部控制相结合的基础上，为建设项目构建风险导向审计框架[97]。谢忠贵认为，铁路内部审计部门应结合铁路管理需要，为铁路建设项目构建风险导向审计方法体系[98]。王姣和郑家喜根据农田水利建设项目的复杂性、动态性特点，构建了生命周期风险识别的具体路径[99]。郝云松认为，工程项目流程较为繁杂、涉及范围广、横向与纵向作业组现象较为频繁，可以将风险导向内部审计运用在项目管理过程中，实现对风险的全程监控[100]。综上所述，风险导向内部审计逐步被银行、铁路及建设项目等认可，并根据各自特点构建了差异化的风险管理体系。

9.3 关于跟踪审计的研究

国外学者对跟踪审计的研究早于国内学者，国内外的学术成果主要分为以下三个方面：跟踪审计的作用、实施路径及风险导向审计的引入。

9.3.1 跟踪审计的作用

Pomeranz 认为，“预先审计”（preemptive auditing）由美国学者最先提出

来，该定义指出，工程建设项目应该对设计到完工阶段的财务状况进行严格把控[101]。Cangemi 认为跟踪审计是持续性的审计，不仅能预防风险事件的发生，还能监督并完善企业的内部控制[102]。Lasswell 认为，跟踪审计的持续性在一定程度上可以对公共政策评估的固有缺陷进行弥补，如信息不对称、独立性差等，可以对公共政策评估得更加全面和权威，从而降低审计风险[103]。Umor 等认为，公共部门绩效审计通过监督公共权力的运行，特别是公共资源的使用情况，在评估政府的责任方面发挥了重要作用。而跟踪审计对检查被审计方不当使用公共资金问题非常重要，缺乏跟踪审计可能导致公共部门的绩效审计无效[104]。刘宇红认为，跟踪审计拥有三道“免疫防线”，正确执行工程建设项目跟踪审计，可以有效抑制造价“三超”现象[105]。跟踪审计不仅能降低审计风险，还能降低项目建设的成本，提升管理效率。Harris 等认为，跟踪审计不仅可以提前审查合同，节约资金，降低审计风险，还能满足工程建设项目决策、设计、招投标等阶段的需求[106]。曹慧明认为，传统的事后审计的审计模式存在较多弊端，应将跟踪审计的动态性和建设项目全过程联合，同时，还应该对跟踪审计制度进行完善，最终实现建设项目成本最低、效率最高的目标[107]。王立国和张莹认为，通过研究发现，PPP 项目跟踪审计可以鼓励技术创新、提升资金使用效率、保障民生、促进反腐倡廉、促使改革深化[108]。张阳和蔡祺认为，全过程跟踪审计在政府投资项目中发挥着越来越重要的作用，能使工程效益得到提升，使得项目总成本降低[109]。鲁心逸认为，跟踪审计人员参与整个项目建设过程，时刻关注风险控制及绩效评价，可以降低项目建设成本，提升项目管理效率[110]。综上所述，跟踪审计能够降低建设项目审计风险，减少建设项目成本，提升项目建设工作效率。

9.3.2　跟踪审计的实施路径

周原认为，依据审计介入时点的不同，把跟踪审计分为全程介入和重点介入两类[111]。还有学者对跟踪审计工作进行细分，Nalewaik 和 Mills 认为，审计人员除了要对工程项目发票进行核实，还要和当下行业的具体做法进行仔细比对，工程建设项目的管理情况、项目成本控制及项目进展都需要进行审查[112]。不过，Rikhardsson 和 Dull 认为，仅仅靠审计模式的转变是完全不够的，跟踪审计还需要依靠计算机技术，这样才能提高工程建设项目的效率和效益[113]。谭劲松等认为，三道“免疫防线”，是以审计环境为出发点，根据审计环境设定审计程序，审计环境应该从内外部两个角度识别审计风险[114]。程光认为，对生态环保类、能源水利类等项目实施跟踪审计时，通过专业人员依据专业技术方法与评价标准，对工程进度及资金使用情况进行审查[115]。审计人员在实施跟踪审计时，应该积极审查项目进度，将审计工作与计算机技术相结合，分析不同阶段的审计环境，设定相应审计程序，以识别审计风险。

9.3.3 跟踪审计中风险导向审计的引入

审计需求随着社会发展变化而变化，以风险为导向的跟踪审计也逐步进入审计人员的视野。柴能勇认为，应从全生命周期出发，关注PPP项目审计阶段性的重点风险，对项目信息透明化进行披露和监督[116]。兰海涛认为，跟踪审计最为显著的特点是及时性，能够保证审计风险处于可控的状态。依据工程项目风险分布状况，确定审计关键节点，及早发现潜在审计风险，实现把控项目各阶段风险，保证整个项目风险都得到控制[117]。广西内部审计课题组认为，工程项目风险导向审计中所涉及的“风险”，一方面涉及内部审计过程中的检查风险，另一方面还涉及工程项目在建设过程中包含的重大错报及舞弊风险。风险导向内部跟踪审计不仅能够有效管理项目风险，还能降低审计风险，并实现工程项目建设的效率性、效果性及可控性[118]。综上所述，在建设项目决策、设计、招投标、施工及竣工各个阶段所隐含的风险截然不同，实施跟踪审计不仅能降低建设项目审计风险，降低建设项目管理过程中的风险，还能提升项目建设效率，控制项目建设成本。

9.4 文献评述

纵观国内外学术领域的研究状况，风险导向审计、跟踪审计已经比较成熟，而乡村振兴项目审计较少。

关于乡村振兴的研究，多数是基于乡村振兴战略的研究，主要从宏观角度分析乡村振兴战略的作用、实施路径，以及乡村振兴战略下农村审计工作的兴起，而基于具体振兴项目审计工作的研究较少。

风险导向审计相比传统审计更加科学先进，风险导向审计并不只是评估企业固有风险水平高低，更重要的是关注被审计单位的行业前景、财务状况、运营策略和市场风险等方面。结合乡村振兴项目的特点不难发现，风险导向审计符合乡村振兴项目审计的要求。

跟踪审计的研究始于20世纪80年代末，新公共管理理论指出，跟踪审计对财政资金合理性使用是至关重要的。随着建设项目的跟踪审计开展，建设项目审计风险呈现多变性、不可控性的特点，推动了风险导向审计与跟踪审计协同发展。为了促进乡村振兴项目落地，应及时分析项目各阶段的审计环境，设定风险导向审计程序，识别项目风险，保障乡村振兴战略顺利实施。但是，风险导向跟踪审计在我国的应用还处于初级阶段，特别是对于相对独立的工程项目审计来说，更是处于理论探索阶段。

综上所述，目前基于风险导向的乡村振兴项目跟踪审计相关研究较少，与乡村振兴有关的研究也都各有侧重，将其与风险导向的跟踪审计相结合的研究也较少。通过阅读大量文献并结合当前社会热点，笔者发现，对于乡村振兴项目的经济性、效益性和效果性的审计迫在眉睫，因为资金使用、项目建设的合理性，对乡村是否从真正意义上实现振兴至关重要。基于上述分析，本篇从企业内部审计的视角，分析乡村振兴项目跟踪审计存在的问题，构建风险导向的乡村振兴项目跟踪审计模式。同时，对典型乡村振兴项目进行深度调研，依据获取的资料识别评估乡村振兴项目跟踪审计的风险分布，并提出风险应对措施，为乡村振兴项目审计工作提供实践指导。

第 10 章　乡村振兴项目跟踪审计理论分析——风险导向审计的引入

自十九大以来，乡村振兴项目建设如火如荼。乡村振兴项目战略地位特殊，涉及资金额巨大，建设周期长且不可逆，其审计工作要求务必关注风险。风险导向审计正好契合乡村振兴项目的审计需要，能有效识别并评估审计风险等级。跟踪审计对乡村振兴项目进行分阶段的持续性审计，可以更好地识别关键风险点。

10.1　乡村振兴项目特殊性及风险审计需求

10.1.1　乡村振兴项目的分类

近年来，国家对农业补贴总额呈现逐年上涨的趋势。自 2011 年以来，国家财政支出中的农业支出稳步增长，具体数据如表 10-1 所示。2011 年财政支农达 9 937.55 亿元，一路上升至 2017 年的 19 088.99 亿元，财政支农增长比率最高在 2015 年，为 22.62%。同时，农业支出占财政总支出的比重基本呈现稳定增长的状态。乡村振兴的关键在于调动各种社会资源以各种具体项目的形式在乡村落地，政策背景为乡村振兴项目贴上了时代标签。

表 10-1　2011~2017 年国家财政农业支出情况

年份	财政农业支出/亿元	农业支出占财政支出的比重	财政农业支出增长比率
2011	9 937.55	9.10%	22.24%
2012	11 973.88	9.51%	20.49%
2013	13 349.55	9.52%	11.49%

续表

年份	财政农业支出/亿元	农业支出占财政支出的比重	财政农业支出增长比率
2014	14 173.80	9.34%	6.17%
2015	17 380.50	9.88%	22.62%
2016	18 587.36	9.90%	6.94%
2017	19 088.99	9.40%	2.70%

资料来源：历年《中国统计年鉴》

乡村振兴项目按资金来源可分为三类，项目由政府出资、项目由社会资本出资、项目由政府和社会资本共同出资。本篇案例调研的 LXG 项目由政府资本和社会资本共同支持。

乡村振兴项目按产业类型可划分为四类：产业振兴型、旅游文化型、生态环保型、地理位置型。

（1）产业振兴型项目，主要有两种发展模式：第一种，运用新经济模式，促进乡村产业更新、发展；第二种，运用原有优势产业模式，聚集农业生产，使其逐渐规模化，延伸产业链长度。产业振兴项目主要通过产业全面发展，进而实现农民收入增加，最终实现农村人民致富。这类乡村振兴项目主要分布在东部沿海地区，经济发展相对靠前，这些地区具有明显的产业优势，产业具有鲜明的特色。农民专业合作社能够带动产业发展，龙头企业推动产业不断更新升级，产业化水平高。每个村形成自己的特色产品，不同乡镇也形成各自特色产业，农业生产逐渐呈现出聚焦化。农业产业链也日趋扩大，农业经营不断呈现出规模化，产业振兴项目带动农村致富的效果明显。

（2）旅游文化型项目，分为两种发展模式：第一种，文化传承型，主要目的是促进乡村风气不断文明，改善家庭风气、民风恢复淳朴化，改善乡村不文明现象。这种类型的项目普遍分布在人文景观较为特别的地区。第二种，新型文旅小镇，以旅游、休闲为主的乡村振兴项目，用于发展乡村旅游业，这类乡村具有较为丰富的旅游资源，同时，配以完善的休闲娱乐设施、餐饮、住宿等服务，这类乡村距离城市不远，交通较为便利，便于旅游度假，具备发展旅游业得天独厚的优势。

（3）生态环保型项目，分为两种发展模式：第一种，生态保护型。乡村生态环境改善工作需要及时推进，农村厕所改革迫在眉睫，及时完善农村生态设施建设。第二种，环境保护型。生态环保项目分布于环境优美、污染少的区域，这类地区的自然资源优渥，森林资源多种多样，水资源丰富，田园风光优美，具有独特生态环境。借助生态环境的优势，建设乡村项目，发展生态旅游，进而促进经济发展。

（4）地理位置型项目，分为两种发展模式：第一种，渔业开发型。通过鱼类捕捞等相关作业，对渔业进行开发。这类项目以发展渔业为主，借此来提高农民就业率，增加农民收入，促进乡村经济繁荣发展，渔业是农业产业中极其重要的部分。第二种，草原牧场型。这类项目大都分布在牧区半牧区县，占据全国国土面积的40%以上。牧区经济发展的基础产业是草原畜牧业，草原畜牧业收入是乡村居民的主要收入来源。

总体而言，乡村振兴项目侧重点各不相同，每一种发展模式也大不相同，每个乡村应依据自身存在的优劣势，结合自身特点，选择相应的项目，并进行风险识别、评估，采用合适的振兴发展模式。

本篇重点研究产业振兴项目中采用第一类发展模式的项目，该类项目主要利用“互联网+实体农场+电子商务+社区服务”这种新型的经济发展模式，集“互联网+农场+产品溯源+电商+生态优质产品+黏性用户+社区”于一体的商业发展闭环，运用国家政策，引导生态农业的进步、发展，具备强大发展潜力，农业经营不断呈现出规模化，产业振兴项目带动农村致富的效果较为明显。但是，该类项目投资金额较大，利益关联方也较多，所以，为该类项目构建有效的审计模式迫在眉睫，本篇选取的 LXG 项目（田园综合体项目）即该类项目的代表，其发展模式如图 10-1 所示。

10.1.2 乡村振兴项目的特殊性

为乡村振兴项目构建有效审计模式，就应先分析这类项目的特殊性。乡村振兴项目不同于普通工程建设项目，其特殊性体现在以下几点。

第一，发展模式多样化，本篇研究的乡村振兴项目为产业振兴项目。地理环境的差异性决定振兴项目的发展类型，以农业为基础产业，借助自然资源，这类项目通常含多个不同类型的分支项目，如田园综合体项目、乡村旅游开发项目等。农业生产区主要是对基础农业进行保障，同时，还要发展特色产业。但是，农业发展经常因为地理位置以及农业经验差异而导致有关农业基础设施项目建设有差异，这就导致项目所需的建设成本也不相同，成本差异性使得审计工作的复杂程度也大不相同。

第二，融资渠道多元化，乡村振兴项目融资渠道多元化，既可以由政府投资，也可以通过 PPP、BOT 等模式实现多元化方式融资。乡村振兴项目投资金额不同，融资模式也各不相同，对于大规模项目，其融资渠道最多，可通过政府、银行、经济组织、信贷机构、社会、私人等多种模式进行融资；对于中等规模项目，可采用众筹融资、股权融资及 PPP 融资等模式融资；对于小规模项目，多通过财政渠道融资。综上所述，融资模式的多元化（尤其是大、中型项目），使得

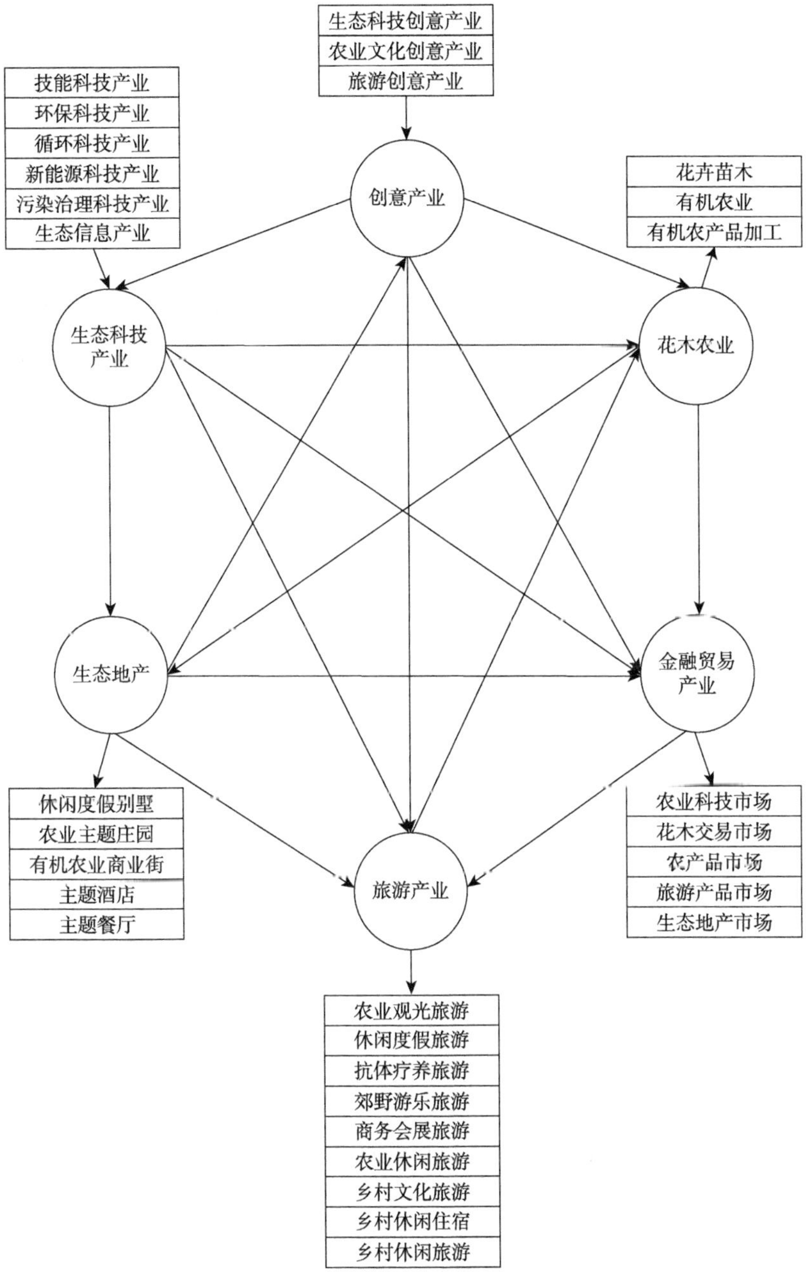

图 10-1　田园综合体产业延伸与互动发展模式

资金的来源、项目建设质量、资金分配都存在一定风险。

第三，环境的不稳定性。乡村振兴项目多以自然资源为基础建设项目，这些资源受到季节、水源、气候、自然灾害等多种因素的制约，农村项目建设过程中对自然勘测技术的使用也不成熟，自然环境的动态性导致项目从筹划到施工过程都存在较多的不确定性。因此，乡村振兴项目的建设可能面临较多风险。

第四，资金额度大，战略地位高，政治目的强，乡村振兴项目分支项目众多，建设过程复杂，项目投资成本高。政府拨付乡村振兴重大专项资金，足见对乡村振兴项目产出的高度重视，乡村振兴项目被贴上了明显的时代标签。

简言之，乡村振兴项目的特殊性使其不同于普通工程建设项目，其政治战略意义潜藏了更多风险，这就要求乡村振兴项目审计务必突破传统审计模式，采取科学有效的方法识别、应对风险。

10.1.3 乡村振兴项目需要风险导向审计

乡村振兴项目的特殊性暗示其建设过程隐藏着较多的风险，因此，乡村振兴项目审计需要引入风险导向审计模式。这不仅可以提升乡村振兴项目的管理水平，识别并控制风险，还能提供有效的指导意见。项目建设过程面临风险时，能依据实际状况提出有效的风险评估、应对方案，以降低项目建设中存在的风险。乡村振兴项目引入风险导向审计的优势体现在以下三个方面。

第一，与传统审计模式相比，引入风险导向审计，会更加关注“风险”的重要性，同时，紧密相扣于企业的审计目标、审计方案及审计程序。账项基础审计和制度基础审计更关注审计对象资金管理及内部控制，相比于传统审计模式，乡村振兴项目风险导向审计所涉及的内容更为广泛，综合性也较强，与项目建设过程和资金管理存在的风险联系更为紧密，能实现对风险的有效评估与应对，可以及时管控可能发生的重大错报风险，减小其产生危害的成本。

第二，与传统审计模式相比，风险导向审计更新了审计方式和流程，传统审计模式多执行于项目竣工后，而风险导向审计将内审人员的介入时间提前，即“事前审计”。乡村振兴项目的建设目标是风险导向审计的工作基础，采用合理有效的风险管理模式对项目建设各个阶段可能的风险进行有效识别、评估和应对，降低乡村振兴项目过程风险，为乡村振兴项目资金的合理使用、项目建设质量的提高提供保障。本篇研究的乡村振兴项目以实体项目建设为主，因此，在借鉴以风险为导向的工程建设项目审计基础上，结合乡村振兴项目自身的特点，设计乡村振兴项目的风险导向审计流程，如图 10-2 所示。

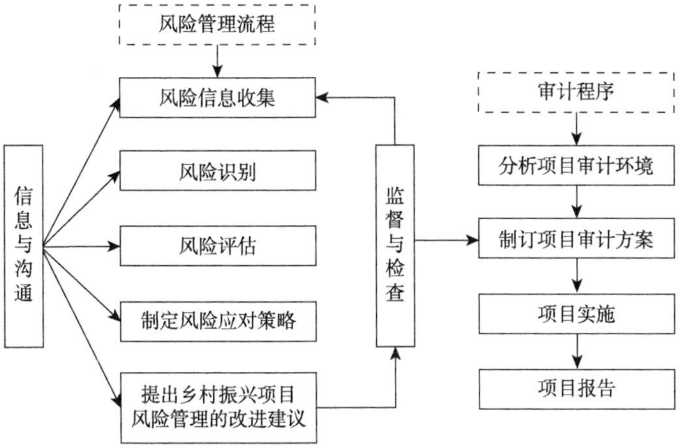

图 10-2　乡村振兴项目风险导向审计流程图

第三，乡村振兴项目审计关注整体存在的管理风险，不仅要审计乡村振兴项目的建设状况，还要审计乡村振兴项目企业内部控制状况、高风险事项，然后采用科学的方法进行分析、评估，并采取有效的优化方案。简言之，乡村振兴项目引入风险导向审计模式，无论是在审计对象、审计内容还是最终审计效果上，都比传统审计模式更胜一筹。

10.2　乡村振兴项目风险导向审计的应用分析

本篇从企业内部审计视角研究乡村振兴项目跟踪审计风险问题，所以，应关注风险导向审计的内涵及其在乡村振兴项目审计中的应用。

10.2.1　风险导向审计的核心内涵

本篇以内部审计为视角，风险导向审计更加关注公司的内部控制、公司治理以及风险管理状况，以实现企业的价值增值。财政部、中国证券监督管理委员会、审计署以及中国银行保险监督管理委员会在 2008 年共同发布了《企业内部控制基本规范》，该规范不仅融合 COSO 框架的主要精髓，还因地制宜，结合中国特色。2017 年 9 月，COSO 发布《企业风险管理框架》，该框架所涉及的五个风险管理要素分别为治理和文化、战略和目标制定、绩效、审阅与修订、信息沟通与报告，不同于 2004 年的“控制框架”，这是一个真正的“管理框架”。该规范实施以来，以风险为导向、内部控制为关键的审计方式被频繁使用于国内规模较大的企业内部审计中。

风险导向审计就是指以风险为导向的由内部审计部门执行的一种审计模式。主要工作是针对性地识别并评估企业在经营管理活动中即将面临的风险点，并评判筛选出风险点，主要目的是进一步识别关键风险点，并在后期的审计步骤中，筛选出那些风险程度较高的点，采用针对性的措施进行审计。现代风险导向审计模型为：审计风险=重大错报风险×检查风险。重大错报风险具体分为认定层次风险和财务报表层次风险，认定层次风险包含传统风险模型中的固有风险及控制风险。与传统内部审计相比，风险导向审计模式的优点主要体现在以下两方面。一方面，审计工作的效率大大提升，风险始终是内部审计工作的中心，在进行审计之前，内部审计人员需要对识别的风险进行评估，审计工作的重点需要依据风险级别而定，如何配置审计资源同样需要依据审计风险的层级而定，由于审计工作侧重点明显，这样不仅可以缩短审计时间，还可以有效减少企业经营过程中面临的风险。另一方面，该种审计模式可以有效促进企业的价值增值，以财务事项和会计资料、内部控制为重点转为以风险为审计中心是风险导向内部审计的特征，内审人员辅助高层管理人员控制企业管理风险，及时地修缮企业的管理模式，进而实现企业价值的最大化。

10.2.2 乡村振兴项目承接中的风险审计

在准备建设振兴项目时，乡村振兴项目投资企业应用风险导向审计，可以有效分配审计资源，促进审计效果改善，对项目施工起到保障作用。以乡村振兴项目招投标阶段为例，项目投资企业开展招标活动时，需要对投标单位的经营管理状况、风险应对能力、施工能力、施工过程的复杂性等情况予以了解，对招标金额设定最低限制，对承接项目以及决策至完工阶段所需要的成本要明确，对投标单位正常运转需要的资金要有保证，对风险以及不正当竞争进行有效预防。此外，乡村振兴项目招标时，需要花费一定的人力和物力资源，有可能影响投标进程，产生风险。乡村振兴项目投资企业可针对不同的投标单位进行初步过滤，然后分析投标单位的实际经营能力、项目完成状况及营利能力，采取综合判定，对不满足要求的投标单位进行剔除，这样可以降低项目投资企业招标过程的成本，从而降低风险。筛选出几家符合条件的投标单位，采用综合考评方式，选取中标单位。

10.2.3 乡村振兴项目实施中的风险审计

乡村振兴项目建设所耗费的人力、物力及财力都较大，不仅包括人力资源成本、材料采购成本及固定资产的投入，还会有不可控的成本产生。项目成本一旦超支或者不在项目投资企业的控制范围内，将会对振兴项目的施工进展以及项目投资企业的盈利产生不良影响。所以，对于项目的成本控制，项目投资企业应该引起高度重视。总体来说，项目投资企业应根据自身实际情况以及乡村振兴项目的特点，提出合理有效的风险应对措施，审查各类成本支出以及面临的风险，规划出一个粗略的成本变动区间，对项目超支的情况进行遏制。此外，及时监控项目的施工进展，在签订合同时需要预留一定保证金，在项目竣工并核验无误后，及时返还，这对乡村振兴项目质量具有一定的保障，也会对施工单位有一定的鞭策作用，如果施工单位能够提前并高效地完成项目建设，还可以对施工单位进行奖赏。

10.2.4　乡村振兴项目其他风险审计

项目投资企业应对乡村振兴项目风险导向审计模式进行改善，积极开展大数据审计，有效利用计算机技术，对内审人员的职业能力和职业素养进行提升，有利于审计质量的提升。乡村振兴项目企业应结合乡村振兴项目特点，制订有效的人才培养计划，为内审人员制订定期培养方案。这样不仅能对内审人员的职业能力起到提升作用，还能对内审人员的知识面予以扩充，切忌培训只关注审计知识，应该对内审人员的风险观念、法律知识、职业素养等方面进行综合培养，致力于将内审人员培养为综合型人才。此外，对内审人员的培训结果予以评价，重用表现突出的内审人员，并列为重点培养对象，将会计、经济、管理及投资等不同领域的知识糅合起来，培养重点对象，以此来提升内审人员在乡村振兴项目审计过程中的效率。项目投资企业也应该将审计工作与计算机技术接轨，这样有利于提高收集数据速度，增强分析数据的能力，然后对数据进行全面评估，以识别风险。

10.3　风险导向审计与跟踪审计在乡村振兴项目中的契合

10.3.1　乡村振兴项目跟踪审计的内涵

本篇的跟踪审计是指乡村振兴项目投资企业从全程审计的视角，对乡村振兴项目实施过程的合法性、真实性、规范性进行跟踪审计监督，最大效率地利用有限的资金和资源，用尽可能小的成本、尽可能快的速度和优良的质量，建成预期的乡村振兴项目，实现其预期的功能。

乡村振兴项目周期性长、复杂化和多样性特点，导致企业内部审计工作具有一定的滞后性，乡村振兴项目的审计不能只停留在竣工验收阶段。这决定了乡村振兴项目审计应从可行性研究、乡村振兴项目经济评价及开发利用评估，就执行审计程序，逐步接轨到施工建设以及竣工阶段，即乡村振兴项目应执行跟踪审计，用全面的审计视角以及科学的审计理念，为项目成功运营提供强有力的保障。

更重要的是，要将乡村振兴项目跟踪审计与风险导向审计结合，构建基于风险导向的乡村振兴项目跟踪审计模式。基于风险导向的乡村振兴项目跟踪审计是事后审计对事前、事中审计的审计模式的突破，不仅解决了乡村振兴项目竣工审计滞后性的问题，还能提前识别建设各阶段产生的审计风险。乡村振兴项目跟踪审计过程中，审计环境的分析以及审计程序的设定不能仅限于财务报表的审计，决策审计、经济审计、环境审计等应同时进行，运用风险导向审计理念，确定重大错报风险点，借助穿行测试，审查内部控制程序。此外，为检查乡村振兴项目风险以及内部控制状况，需执行控制测试，然后执行实质性程序。决策审计、经济审计等需要借助财务报表审计的审计方法与审计理念，以保证乡村振兴项目的经济效益、社会效益及环境效益。

10.3.2 风险导向审计在乡村振兴项目跟踪审计中的运用基础

风险管理理论是风险导向审计的理论基础，其主要特点是通过对不同类型的风险全面分析，进行识别、评估及预警，风险管理的流程如图 10-3 所示。乡村振兴项目建设周期较长，投入成本较高，风险较高。风险导向审计可以对建设过程中的决策流程，设计概算，招投标程序、文件，工程设计变更、隐蔽工程、进度款支付以及费用索赔，竣工资金管理等各环节进行风险评估。风险导向审计以及乡村振兴项目跟踪审计都在一定程度上对审计关口具有前置的作用，将识别并评价风险作为导向，在乡村振兴项目建设业务流程的各个过程进行风险评估。以风险评估为基础，以风险高低确定审计领域，对审计资源进行有效配置。对那些风险较高的领域，要进行着重审计，并制定有效的审计程序，整理准确的审计证据，提升审计效率，降低审计成本。在乡村振兴项目中推行风险导向审计势在必行，这有利于乡村振兴经济建设活动的全面监督，对乡村振兴项目中涉及的风险进行有效识别和评估，对薄弱点进行重点关注，同时，适时强化审计力度，从宏观角度对乡村振兴项目的审计环境中涉及的风险点进行有效判断。

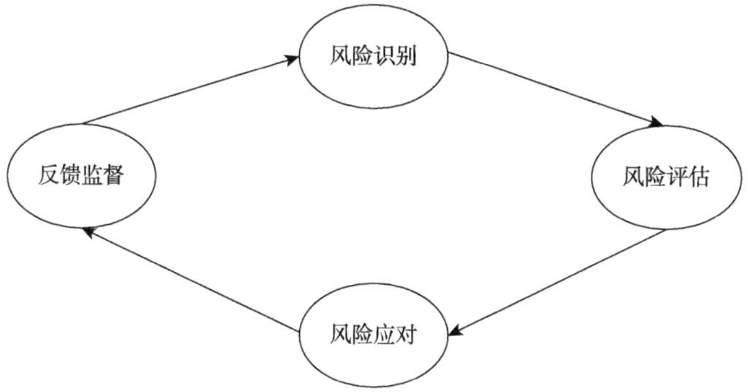

图 10-3　审计风险管理流程图

实施风险导向的乡村振兴项目跟踪审计，需要内审人员具备综合素质，同时，功能全面的数据系统也是必不可少的。内审人员需对乡村振兴项目有关参与单位提供的资料进行分析，对风险进行有效的识别并采取措施进行评估，内审人员任重道远。因此，在跟踪审计工作中应用风险导向审计模式，不能生搬硬套，应该与企业管理以及振兴项目的特征相联系，对症下药。根据实践经验，总结理论模式，内审人员也同样可以与第三方审计机构人员开展研讨会，以交流项目审计经验和心得，对跟踪审计的方法进行完善。探索风险导向的乡村振兴项目跟踪审计，有利于帮助内审人员将风险导向审计理论应用于乡村振兴项目审计，有利于总结审计重点和高风险点，有利于识别风险并判断发生概率，使风险导向审计在跟踪审计中的应用更加可行。

10.3.3　乡村振兴项目跟踪审计过程中的风险识别

乡村振兴项目的特殊性要求内审人员审计时以风险为导向，乡村振兴项目的周期长，要求实施跟踪审计，因此以风险为导向的审计理念应根植于项目审计的每个阶段。

根据风险导向审计模型：审计风险=重大错报风险×检查风险。重大错报风险主要源于振兴项目的建设管理和内部控制，属于审计对象风险。检查风险源于内审人员，主要由内审人员的职业能力不足、审计经验以及专业水平不足、独立性不强等原因引起。从宏观和微观的角度，将审计风险分为三类：微观层面包含被审计对象风险和审计主体风险，宏观层面为审计环境风险，具体如下。

第一，被审计对象风险作为审计重点，结合跟踪审计的流程，乡村振兴项目的风险识别可以从以下几方面展开：①单位负责人及监理单位对项目的监督工作是否落实到位。②决策阶段，单位的可行性研究报告、项目批复书内容的真实性和合理性，决策的审批手续是否完整。③设计阶段，重点关注施工图设计和技术设计，重点审查设计概算及施工图概算，有可能存在高估冒算影响振兴项目的造价，检查概预算的计算方式是否存在错误。④招投标阶段，内审人员可以通过观察、询问、现场核查等方法，审查招投标文件的有效性、合同条款是否齐全，同时还要审查资料的来源是否真实、可靠等。⑤施工阶段，重点关注进度款的支付方式、重大项目变更的程序以及条件是否合法，与合同条款比对，分析费用索赔是否合理，隐蔽工程验收程序是否合理。核查项目所涉及的产品种类、规格及价格是否与图纸和合同一致等。⑥竣工阶段，重点审查施工状况是否与竣工图一致，施工所涉及的材料是否与结算书一致，所有相关材料是否都有对应单位的负责人签字、盖章等。

第二，审计主体风险可以分为内审人员的职业能力不足、内审人员的审计经验以及专业水平不足，内审人员的独立性可能受到影响。

第三，审计环境风险包括政治经济环境的不稳定性和法律、法规依据不足。

此处只是简单介绍，具体的审计模式构建将在第 12 章论述。

10.4 本章小结

本章从理论角度进行了分析，乡村振兴项目的发展模式多样化、融资渠道多元化、环境不稳定性以及资金额度大、战略地位高、政治目的强等的特殊性需要借助风险审计降低项目建设过程的风险。本章介绍了风险导向审计的核心内涵，在乡村振兴项目承接中应用风险导向审计，可以有效分配审计资源，促进审计效果改善，对项目施工起到保障作用。项目投资企业在项目实施过程中提出合理有效的风险应对措施，审查各类成本支出以及面临的风险，规划出粗略的成本变动区间，对项目超支的情况进行遏制。再阐述乡村振兴项目跟踪审计内涵，风险管理理论和内审人员综合素质是风险导向审计在乡村振兴项目跟踪审计中运用的基础。根据风险导向审计模型，以宏观和微观为角度，分析乡村振兴项目跟踪审计过程中可能面临的关键风险点。

第 11 章　乡村振兴项目跟踪审计状况及存在问题

以风险导向跟踪审计理论分析为基础并查阅资料，分析乡村振兴项目跟踪审计状况，并对乡村振兴项目投资企业相关工作人员和第三方审计机构进行访谈，发放调查问卷，根据调查结果分析乡村振兴项目跟踪审计存在的问题，结果表明，为乡村振兴项目引入风险导向跟踪审计模式已刻不容缓。

11.1　乡村振兴项目的背景

自乡村振兴战略提出以来，各省都在致力于乡村振兴工作，不断加大财政专项扶贫资金与重大乡村振兴专项资金发放力度，二者合力推动乡村发展。乡村振兴资金的发放推动乡村振兴项目的发展。以山东省为例，山东省在抓好农村扶贫工作的基础上，响应国家乡村振兴政策，积极推进农村的全面振兴。乡村振兴项目的发展壮大需要依靠资金的支持，山东省政府的财政专项扶贫资金与乡村振兴实现了完美的衔接，促进了农村的全面振兴与发展。财政专项资金逐年增长，由 2015 年的 8 亿元增长至 2019 年的 28 亿元，如表 11-1 所示。2018 年 11 月，遵循“重点领域、产业方向、优中选优”的评价标准，通过市政府评优后推选上报和省级单位的共同审核，筛选了第一批乡村振兴项目入库，共计 223 个项目。2019 年 1 月 13 日，山东省发展和改革委员会的相关责任人指出，项目库主要涉及乡村振兴“十百千”工程、农业新旧动能转换、保障国家粮食安全、农业“新六产”发展、脱贫攻坚、农业农村绿色发展、重大基础设施建设、现代海洋经济这 8 个领域。5 年综合授信计划 3 000 亿元，近 500 个重大项目将加入其中，每年项目库规模动态维持的项目大约为 200 个。

表 11-1 山东省财政专项扶贫资金及增长情况

年份	财政专项扶贫资金/亿元	同比增长
2015	8	—
2016	17	112.5%
2017	22	29.4%
2018	25	13.6%
2019	28	12%

资料来源：山东省财政厅官网

11.2 乡村振兴项目跟踪审计状况

通过查阅资料，分析建设项目和乡村振兴项目跟踪审计状况，目前关注建设项目的跟踪审计资料比较丰富，建设项目与乡村振兴项目两者存在相似之处，其建设周期都比较长，影响了跟踪审计的开展进度和质量。

11.2.1 建设项目跟踪审计情况

工程建设项目审计在传统意义上是指审计人员对建设项目竣工结算进行监督审查，审计活动属于事后审计，核查结算内容是否真实合法是其主要工作内容。依据工程建设项目在管理过程中的运营模式、控制方式、关注焦点，结算审计可以归类为以真实性为主导的事后审计。项目投资企业内部实施结算审计，不仅能够为企业自身节约大量资金，还能够提升企业经济效益。不过，社会经济发展迅猛，传统结算审计呈现出越来越多缺陷。结算审计实质上是对经济活动的事后监督，具有一定的滞后性，对于项目从开始到施工过程中涉及的经济损失无法实现有效控制。因此，对于工程建设项目，结算审计方法仅仅是“秋后算账”，并没有“防患于未然”，这种审计模式无法满足参与建设的各单位尤其是项目投资企业严苛的管理要求。

我国在基础设施建设上投入资金日益增多，导致工程项目建设风险加大，因此，内审人员亟须转换事后审计模式。应该改变审计的重点，用事后审计去辅助事前、事中审计，该种审计模式相比于传统审计模式，顺应了时代发展变化，符合企业管理需求，在工程建设项目领域引起较多关注，同时也被广泛使用。时下，跟踪审计模式在政府部门投资的大型基础设施建设项目（如大型铁路、桥梁、大型公路等基础设施建设）中运用已经较为成熟。政府的审计部门对于投资项目实施跟踪审计时，由于审计人员的缺乏、专业胜任能力不足等原因，政府部门会邀请第三方审计机构与其共同审计。企业内审部门实施项目跟踪审计也逐渐提上日程，但是，很多企业对项目跟踪审计虽有内审人员参与，但大都以第三方审计机构为主，企业内审部门只有逐步完善项目跟踪审计模式，才能提升企业管理水平。

11.2.2　乡村振兴项目跟踪审计情况

通过网络资料和实地访谈可知，我国多数乡村振兴项目虽以事后审计为主，但跟踪审计也在逐步开展，由最初的竣工审计开始向事前、事中与事后审计共同开展的模式转变。在审计模式逐渐转变后，乡村振兴项目审计内容不再局限于资金审计，审计内容逐渐拓宽，内审人员在进行乡村振兴项目审计时，一方面，需要对工程造价是否合规、真实进行审计；另一方面，必须针对乡村振兴项目的内部控制、风险控制、经济效益、成本管理等内容展开审计。部分企业十分注重开展工作前的控制和预防，这可以应对事后审计模式存在的弊端，该模式不仅能优化乡村建设项目管理水平，同时还可以探究寻租行为。跟踪审计属于当前建设项目审计中比较有效的一种审计方案。依据实地访谈可知，不少企业对乡村振兴项目审计并没有从决策开始，大多从施工阶段展开，然后持续到竣工阶段，竣工阶段占据审计资源比重较大，而乡村振兴项目的特殊性导致其面临的风险更加复杂，难以识别。因此，不仅要完善跟踪审计流程，还要将风险管理理念融入其中。乡村振兴项目的稳步发展对农村发展具有举足轻重的地位，所以将风险导向跟踪审计模式运用于乡村振兴项目是现实所需。

11.2.3　乡村振兴项目与工程建设项目跟踪审计的联系

乡村振兴项目与工程建设项目在建设周期上较为相似，所以跟踪审计流程大体一致，乡村振兴项目以工程建设项目跟踪审计流程为依据。必须从振兴项目初期开始审计，才能有效避免由决策不当导致的重大损失。跟踪审计周期长，内审人员力量不足、专业能力欠缺，审计资源分配不合理等原因会导致跟踪审计流程不完整，审计效率低。对于小型工程项目而言，实施跟踪审计所需审计成本远高于项目获利能力，所以采用事后审计可以节约企业管理成本。大型工程项目与乡村振兴项目存在相似之处，资金额度大，建设周期长，面临风险高，所以开展跟踪审计不仅能控制项目建设成本，监督项目建设质量，还能提高资金使用效率，且两类项目跟踪审计面临的风险虽有不同，但也存在相似之处，如设计概预算、招投标程序、隐蔽工程等。乡村振兴项目成立时间较短，跟踪审计程序还不完善，所以发展初期可以以普通工程项目为基础，然后结合乡村振兴项目自身特点，实行差异化的审计方案。

11.3 乡村振兴项目跟踪审计存在的问题

通过对乡村振兴项目实施跟踪审计，可以提升项目实际收益，在管理水平上也能取得一定成效。但是，实践工作中，跟踪审计存在诸多障碍，尤其是在乡村振兴背景下，跟踪审计更显稚嫩，乡村振兴项目跟踪审计在资源分配、风险管理、流程安排、人员配备、质量审核等诸多层面还存在较多缺陷。

为了分析乡村振兴项目跟踪审计存在的具体问题，笔者共访谈了 4 个投资乡村振兴项目的企业，具体项目为田园综合体项目和农家乐项目，均属于借助新经济发展模式的产业振兴项目。本篇设计了《乡村振兴项目跟踪审计现状调查问卷》，该问卷主要采用实地座谈、邮件、微信等方式发放，受访者主要为上述 4 个企业相关工作人员 169 人及负责审计上述项目的事务所人员 41 人。企业相关工作人员中，总经理 4 人，副总经理 17 人，财务 21 人，内审 10 人，法务 15 人，其他岗位 102 人（选取在企业任职年限 3 年以上、比较了解企业状况的人员）。与上述项目投资企业的领导进行沟通后，获得领导的支持，同意对员工进行问卷调查。部分员工采用现场作答，部分员工通过企业微信群方式作答，对于审计乡村振兴项目的事务所人员，主要通过电子邮件完成问卷调查。本次共发放问卷 230 份，实际收回有效问卷 210 份，问卷有效率 91.3%，问卷详细内容见附录三。根据问卷结果可知，乡村振兴项目跟踪审计存在较多问题。

11.3.1 审计力量较为薄弱

跟踪审计应贯穿乡村振兴项目整个项目建设过程，专业性和复杂性都相对较高，这就对内审人员的独立性、专业胜任能力、数量等各方面都有着较高的要求。根据问卷调查结果，发现内审人员数量、跟踪审计实践经验及知识结构都较薄弱。内审人员人数较少且专业胜任能力有待进一步考量，关于内审人员数量调查结果如图 11-1 所示。同时，对于跟踪审计的认识基本止步于理论层面，对于在实践中应当如何开展工作流程并不清晰，他们的监督质量不言而喻。此外，内审人员与第三方审计机构合作效果也不佳，这样会导致审计风险提高，给企业造成较为严重的损失。

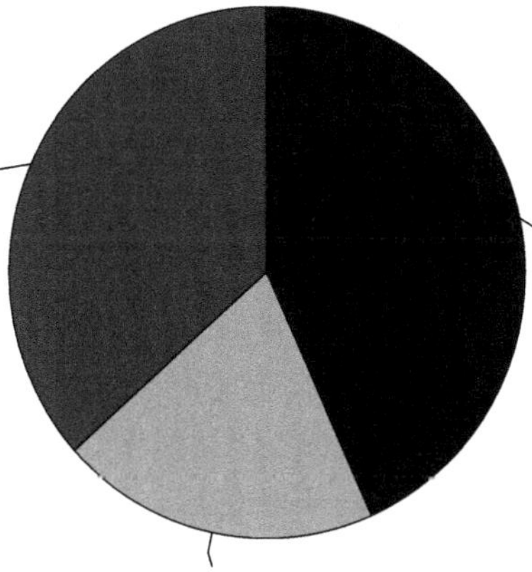

图 11-1　乡村振兴项目内审人员数量情况

11.3.2　审计风险关注度低

在实施乡村振兴项目跟踪审计中，内部审计人员并没有重视企业的风险控制，调查的具体结果见表 11-2。对被审项目审计时，需要对项目的内外部环境进行分析，要采取有效的识别措施并加以评估。实施风险导向审计模式，可以提高对被审项目高风险点的关注度，这样对审计质量的提升、审计效率的改善都有较为重大的作用。不过，根据问卷调查结果，多数企业仍然以账项基础审计和制度基础审计为主，内审人员对审计风险的关注度低。

表 11-2　乡村振兴项目跟踪审计模式　　单位：人

贵单位开展乡村振兴项目审计工作的主要模式是?					
岗位	账项基础审计	制度基础审计	风险导向审计	多种方法交叉使用审计	合计
总经理	1	2	1	0	4
副总经理	5	10	1	1	17
财务人员	5	7	6	3	21
内审人员	3	4	2	1	10
法务人员	4	7	2	2	15
其他	33	32	33	4	102
合计	51	62	45	11	169

11.3.3　跟踪审计资源分配不合理

审计资源是为内审人员拥有或能够支配的，服务于审计业务的人力、财物、方法技术、信息情报等各种资源的总和。目前，企业投资的乡村振兴项目数量在不断扩大，投入资金不断加大，但是，很多企业内部审计人员人数有限而且他们所学专业基本为财会类，调查发现财务收支审计仍然在这些企业占主导，如图 11-2 所示。导致上述结果的原因如下：首先，内审人员数量有限，导致审计资源不能有效分配，从而对审计效果造成影响。其次，审计成本较高，难度较大的审计程序无法有效执行，很多人员会被分配至技术层次较低的工作上，这样会导致审计资源分配效率低下。最后，审计时间有限，针对乡村振兴项目中所涉及风险较高的领域进行分析性复核时，将会在层次较低的审计程序上花费大量时间，包括账表核对等简单程序，导致审计资源在乡村振兴项目的配置低下，这在一定程度上加大了审计风险，降低了审计效率。

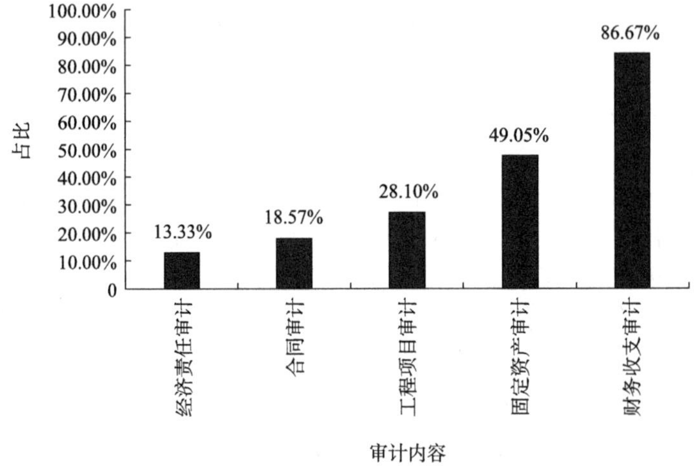

图 11-2 乡村振兴项目跟踪审计主要内容占比

11.3.4 审计流程不完整

内审人员以及第三方审计机构人员基本不对乡村振兴项目跟踪审计时点进行准确界定，相比于传统审计模式而言，现在审计介入时点已经被提前，审计重心开始转向事前、事中审计，但部分企业内审人员对介入时点不明确，而且时间也较晚，认为施工阶段才是主要的审计重点。根据调查结果，乡村振兴项目的跟踪审计流程不完整，需要优化，如表 11-3 所示，这导致事前、事中阶段的审计风险增加，多数工作人员认为本企业仍以事后审计为主，比例高达 70%。

表 11-3　乡村振兴项目审计时间选择　单位：人

贵单位对乡村振兴项目开展审计工作一般属于？				
岗位	事后审计	以事后审计为主，部分业务移到事中审计	事前、事中、事后审计同时做	合计
总经理	2	1	1	4
副总经理	9	6	2	17
财务人员	11	9	1	21
内审人员	2	2	6	10
法务人员	8	4	3	15
其他	87	13	2	102
合计	119	35	15	169

乡村振兴项目与工程建设项目周期都较长，存在相似之处，但不同的是，乡村振兴项目内部较为繁杂，含多个分支项目，乡村振兴项目政治背景明显，融资渠道多元化，涉及利益方较多。内审人员在审计过程中，经常会主观判断振兴项目特殊性而对审计流程进行取舍。对内审人员的经验和业务流程熟悉程度展开调查，结果发现，只有少部分人赞同他们经验丰富且对业务流程十分熟悉，只占 27.81%，如表 11-4 所示。

表 11-4　内审人员经验丰富程度和流程熟悉度　单位：人

目前跟踪审计公司项目的相关人员经验丰富，对业务流程非常了解。				
岗位	赞同	一般赞同	不赞同	合计
总经理	3	0	0	3
副总经理	10	6	1	17
财务人员	13	7	1	21
内审人员	9	1	0	10
法务人员	11	2	2	15
其他	1	34	68	103
合计	47	50	72	169

11.3.5　审计工作质量不高

内审工作质量对内审部门整体权威性有着较大影响。合理性、合法性、效益性都决定了内审人员工作质量的高低。乡村振兴项目投资企业内审部门只有关注审计效率、企业内控状况，才能及时发现潜在风险，提升审计质量。但是，根据访谈、问卷结果，内审人员采用计算机技术和信息化管理方式培训的比例较低，如图 11-3 所示。所以，内审人员培训模式单一，同时内部审计技术未与时俱进，内审人员挖掘潜在风险效率较低，即审计效率低，导致内审人员在对乡村振兴项目审计时，审计重点不明显，对存在问题不能进行深入分析，审计无法从真正意义上发挥作用，整体审计工作质量不高。

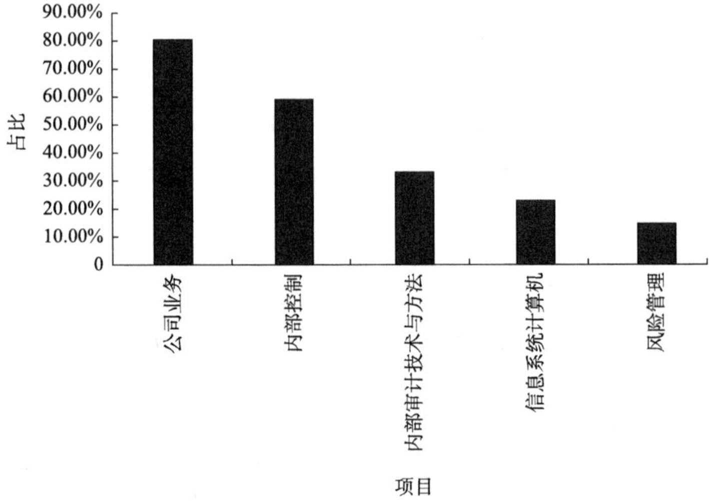

图 11-3 乡村振兴项目内审人员培训情况

根据笔者对了解风险审计的员工以及负责项目审计的第三方审计机构的访谈和调查问卷结果，目前乡村振兴项目投资企业的跟踪审计实施进展较为缓慢，内审人员专业知识匮乏，缺乏乡村振兴项目审计经验，不了解跟踪审计具体实施流程，缺乏对乡村振兴项目审计风险的关注。随着乡村振兴项目投入资金不断加大，乡村振兴项目审计风险与日俱增，所以亟须将风险导向审计模式引入乡村振兴项目中，以增强内审人员识别、应对风险的能力。而且，乡村振兴项目刚刚兴起，多数内审人员不熟悉乡村振兴项目跟踪审计流程。为解决上述现实问题，本篇为乡村振兴项目构建风险导向的跟踪审计模式，以增强内审人员识别、评估并应对乡村振兴项目跟踪审计过程中风险的能力，从而实现对乡村振兴项目资金使用以及建设质量的有效管控。

11.4 本章小结

本章主要从三个角度进行分析，分别为乡村振兴项目的背景、乡村振兴项目跟踪审计状况、乡村振兴项目跟踪审计存在的问题。根据工程建设项目跟踪审计状况，分析乡村振兴项目跟踪审计状况以及两者的联系。通过调查问卷的形式，分析了乡村振兴项目跟踪审计主要存在的问题，主要包括审计力量较为薄弱、审计风险关注度低、跟踪审计资源分配不合理、审计流程不完整、审计工作质量不高。由此可知，目前，企业对乡村振兴项目实施跟踪审计时存在较多漏洞，面临风险较多，为保证乡村振兴项目建设质量，务必为乡村振兴项目引入风险导向跟踪审计模式。

第 12 章　基于风险导向的乡村振兴项目跟踪审计模式构建

乡村振兴项目发展现状要求审计模式转变，本章将为乡村振兴项目（产业振兴类项目）构建审计模式。首先，将乡村振兴项目建设分为五个阶段——决策、设计、招投标、施工、竣工，分析各阶段的审计环境，并制定风险导向审计程序，识别风险。其次，对各阶段可能存在的风险进行评估，确定风险等级。最后，针对风险较高的点，提出应对方案，有效控制项目的审计风险。

12.1　乡村振兴项目跟踪审计的风险识别

此阶段风险程序的设定重点关注审计风险识别过程。在风险识别过程中，内审人员主要通过实地观察、检查文件和资料、询问、计算等方式寻找审计风险点。

12.1.1　乡村振兴项目决策阶段

1. 决策过程审计环境分析

乡村振兴项目决策阶段，就是乡村振兴项目正式开工之前，到正式被划入企业，以及项目正式开工前的时间段，此阶段是选择和决定投资方案的过程。决策阶段的内部审计工作有利于企业投资机构制定合理、合规的决策，防止因为失误的决策给企业造成严重损失，这也是决策阶段潜在审计风险。同时，内部审计有利于企业提前做好规划工作，为项目正式开工建设打下坚实基础。此外，乡村振兴项目涌入市场速度较快，与之相配套的审计流程欠缺，内审人员力量不足，审计资源分配低效，决策阶段审计工作最易被忽视。项目投资决策阶段流程如图 12-1 所示。

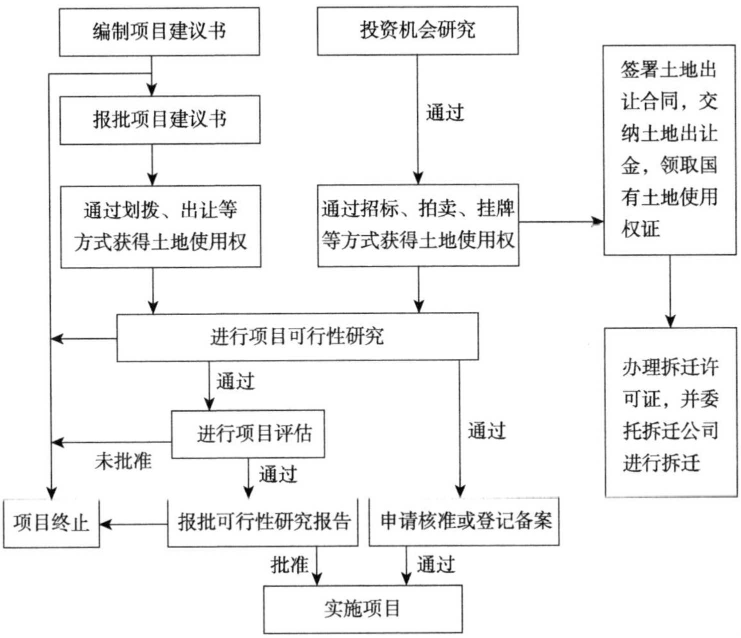

图 12-1　乡村振兴项目投资决策阶段流程

2. 制定风险导向审计程序

首先，识别风险分布情况，在决策阶段审计时，内审人员应详细了解国家方针政策、项目建设原因，熟悉企业投资乡村振兴项目的目标，尽可能将其融入决策过程。同时还要为管理层提供合理建议，防止其因决策失误而引发风险。

其次，对项目建设的可行性研究报告进行审计，对报告的权威性、合规性、有效性及真实性进行全面审查，根据审查出的结果提出建议，以保证乡村振兴项目有效可行，内审人员对乡村振兴项目可行性报告的审计工作主要围绕以下几方面进行：决策依据是否充足，编制过程是否按照建设项目的相关制度规定，报告中有关的技术方法能否与乡村振兴项目要求相匹配，辅助的设施是否完备，原材料、公共设施建设设计方案合理性，工作人员技能是否达标，资金来源是否可靠。同时，内审人员也要关注以下环节：审查乡村振兴项目建设是否符合乡村振兴需求，项目相关技术能否跟上现代化步伐，项目所需场地以及可能排出的废弃物是否与村民等达成一致，项目拟出的经济效益和社会效益是否现实，是否符合国家环保部门的相关要求，项目可实现的资金回收是否合理。

最后，根据上述风险识别情况，对风险进行评估，运用风险导向审计理念和现代风险导向审计模型，确定重大错报风险点，借助穿行测试，审查内部控制程序。此外，为检查乡村振兴项目风险以及内部控制状况，需执行控制测试，然后执行实质性程序。

综上所述，在乡村振兴项目决策阶段，决策流程的完整性十分重要，要审查的内容具体包括决策依据编制过程、技术方法匹配程度、人员技能指标。上述审查事项是否完整将影响审计风险高低。

12.1.2 乡村振兴项目设计阶段

1. 设计过程审计环境分析

乡村振兴项目设计阶段，设计概算和施工图预算是审计风险产生的主要源头，设计概算的审计可以对造价实现有效控制，因为投资企业也可能会为实现高额利润而对乡村振兴项目造价高估。施工图预算审计可以实现成本控制，在决策方案不发生改变的情况下，施工图预算决定项目所需费用是施工合同的依据，施工图预算审计可以有效排除乱套费用标准行为，防止项目成本增加。乡村振兴项目设计阶段完整的流程如图 12-2 所示。

具体而言，内审人员要重点审计勘测阶段、设计阶段及质量核查阶段，乡村振兴项目设计阶段的审计不容小觑。识别并预防设计环节所隐藏风险是设计阶段主要审计目标，对设计的有效性、合理性及合法性进行保障。此外，审计乡村振兴项目设计阶段时，对委托设计、初始设计和施工图纸设计等各个环节的真实性、收益性都予以保障。设计阶段重点关注以下方面的风险点：①多种方案是否采取有效对照，可以借助建设项目的方案评价标准，在比对之后，是否对原先方案进行优化；②概预算的计算规则是否有效；③精度及深度是否符合相关原则。

2. 制定风险导向审计程序

首先，设计阶段主要考虑在使用技术的同时，保证经济成本最低，这一环节是项目由构造环节转为实体的重要一步。设计阶段不但要关注当前工程技术建设是否满足乡村振兴项目建设要求，还要关注项目自身技术的合规性，此外，还需要重视投资控制产生的影响。内审人员在此阶段重点关注以下风险点：审计设计概预算是否与国家相关标准一致、是否合理，是否以可行性研究报告为依据，概

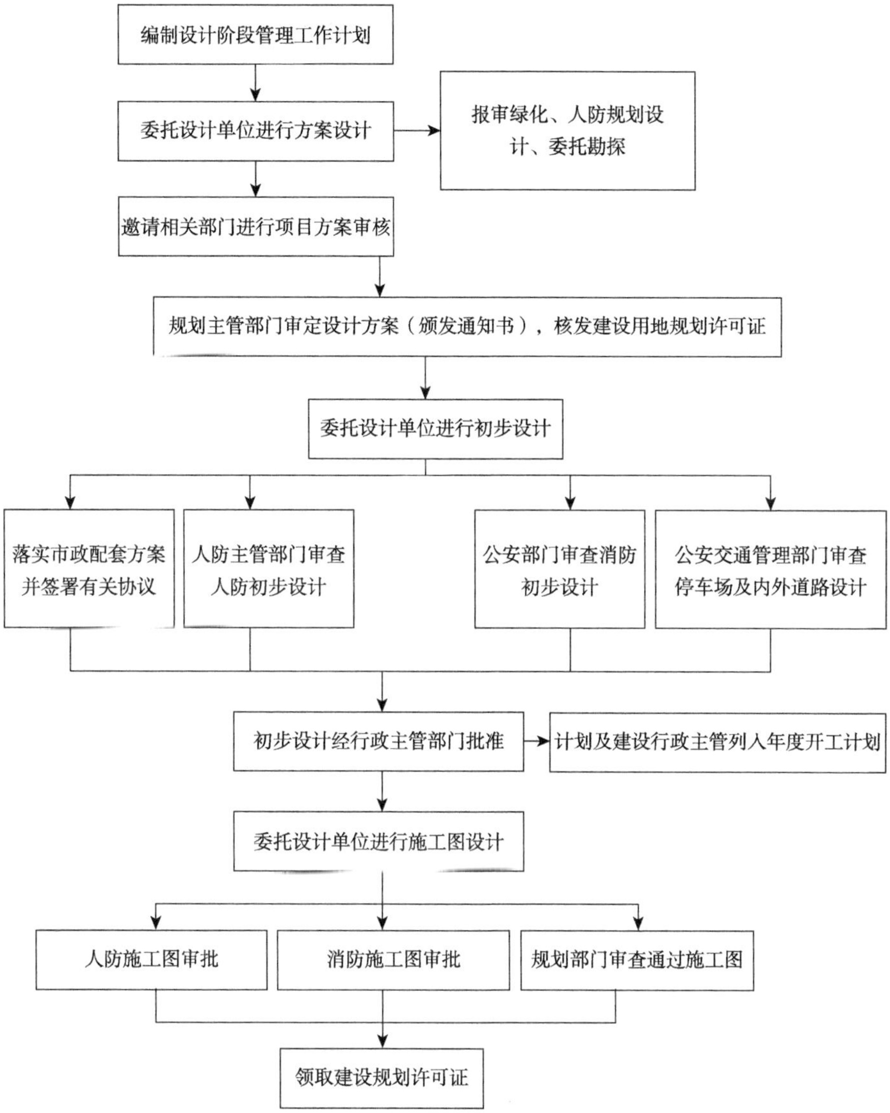

图 12-2　乡村振兴项目设计阶段流程

预算的计量、计价应符合常理，不能超过估算的数额，设计概预算书，工程量计算书以及限额设计表都需要设计单位提供完整。设计阶段的审计流程如图 12-3 所示。

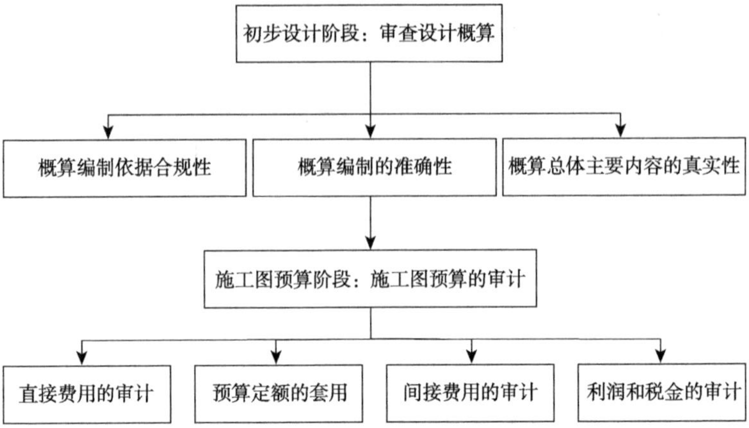

图 12-3　乡村振兴项目设计阶段审计流程

其次，内审人员要将设计图纸与项目所需的实际数据进行比对，查验项目建设过程需要的零件、钢材等的规格、数量与设计概算是否相符，相关技术是否符合法律规定。例如，本篇所选案例中，农产品污染检测技术需要满足国际权威机构瑞士 SGS 监测的 481 项测试，定额换算的方式应符合法律要求，水库所需压力钢管数量应符合设计要求。

最后，根据上述风险识别过程，对审计计划进行细分，设定进一步审计程序，主要包括：第一，根据识别的风险点，制订审计检查方案；第二，改进内控制度并实施审计，对于具体的测试程度要披露，这样可以使风险评估结果更为有效；第三，根据评估结果，提出风险应对措施。

综上所述，设计方案的合理性会对乡村振兴项目的施工阶段乃至竣工阶段产生重大影响。设计预算的审计能控制乡村振兴项目造价，施工图预算的审计可以控制乡村振兴项目成本，因此，设计方案的合理性应是内审人员关注的风险点之一。

12.1.3　乡村振兴项目招投标阶段

1. 招投标过程审计环境分析

设计招投标、施工招投标以及施工合同的签订这三个环节是招投标环节的关键。内审人员在开标时就应对乡村振兴项目展开招投标阶段的审计，对乡村振兴项目招标投标阶段实施审计有利于发现问题，令有关负责人及时纠错；承包合同如果还未签订，有利于内审人员提出审计建议，此阶段是对项目展开的早期审计，实际上属于事前审计，主动性较强，能使乡村振兴项目承发包的质量得以提升，不过，进行审核并不代表内审人员会直接对招投标工作实施管理以及选择中标人，该阶段的审计结果对于评标委员会而言，只是其开展工作的参考。乡村振兴项目招投标阶段的流程如图 12-4 所示。

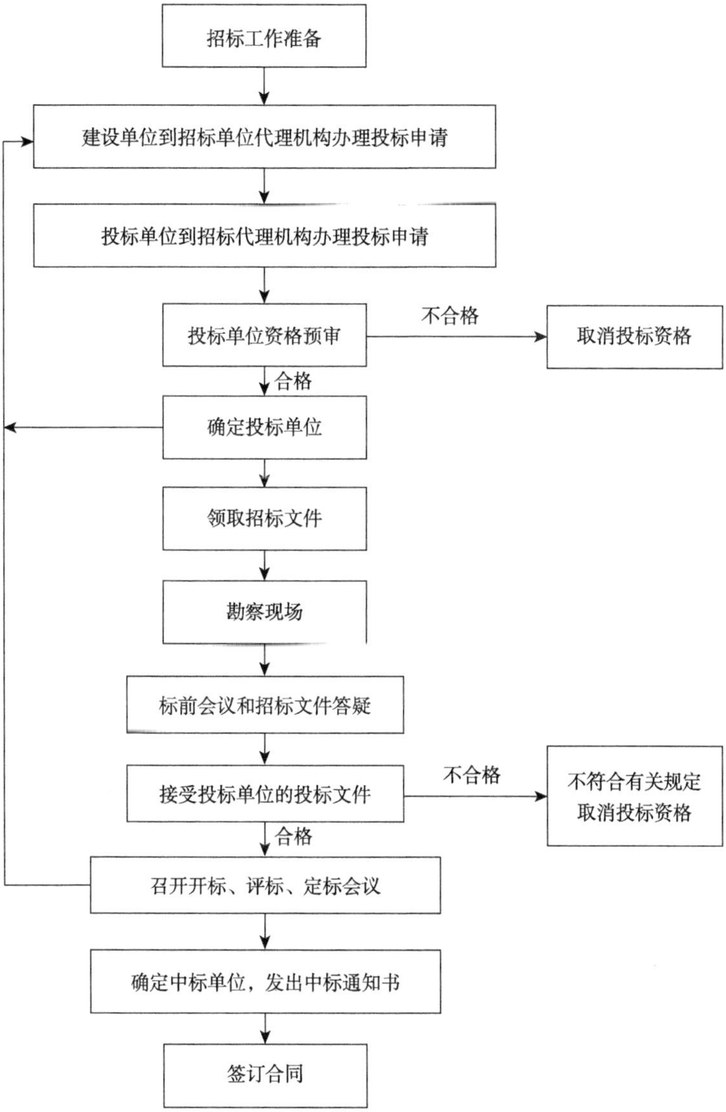

图 12-4　乡村振兴项目招投标阶段流程

2. 制定风险导向审计程序

招标流程应该遵照我国法律法规的相关规定，工作开展过程中，首先，建设单位与代理招标机构依据实际状况对有关的文件展开检查与核实，建设管理部门及建设公司的跟踪审计部门要严格审查招标代理合同及相关的内容。此外，内审人员应该根据法律法规执行工作，同时，还要根据工作经验进一步判断。招投标阶段审计流程如图 12-5 所示。

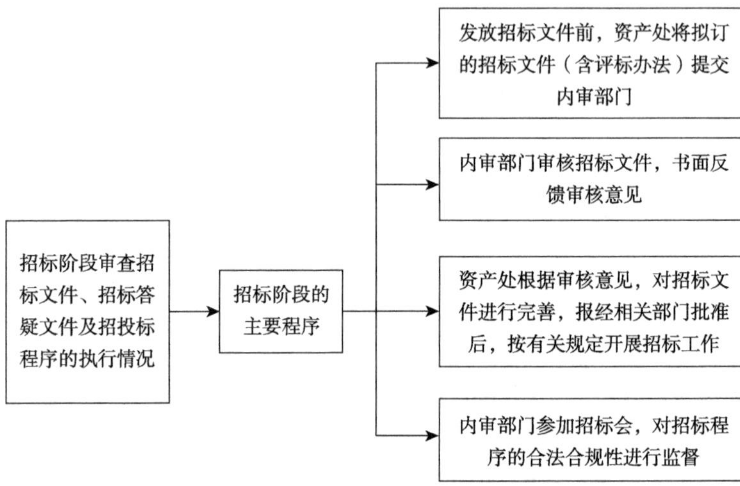

图 12-5 乡村振兴项目招投标阶段审计流程

其次，内审人员在开展招标工作中需要具体关注以下方面的风险：文件材料是否完整，应全面审查其他条款的合理性；审查招标资料内容的完整性及合理性，重点考察对乡村振兴项目造价可能造成不良影响的款项；检查乡村振兴项目的清单是否完整、是否合规；乡村振兴项目工程清单需要符合法律规定，应审查文件材料是否详细描述了乡村振兴项目的特点，应依据工程图和招标文件要求进行审核，根据造价部门发布的材料价格进一步核对；对于重要的项目需要重点、详细审查。此外，内审人员要审核招标答疑文件是否合理、完整。现实情况下，招投标过程存在许多相互串通勾结的行为，串标、规避招标的行为屡见不鲜，导致招标流程流于形式，相关人员缺乏责任意识、法律意识，只为追求自身利益的最大化，从中投标牟利。

最后，细分审计计划，设定进一步审计程序。根据识别的风险点，制订审计检查方案，改进内控制度，提出风险应对措施。

综上所述，招投标程序的合理性以及招投标文件的真实性是内审人员不可忽视的审计风险点，招投标程序包括设计招投标以及施工招投标，内审人员应该严格审查是否存在围标、串标、规避招投标的行为。同时，招投标合同、乡村振兴项目工程量清单以及招投标答疑文件也应是内审人员的关注点。

12.1.4　乡村振兴项目施工阶段

1. 施工过程审计环境分析

施工阶段是乡村振兴项目建设过程中占用时间最长的一个阶段，这是将项目由图纸转为实体的过程，这个过程中风险复杂多变，而且风险也较难实现控制，对施工过程实施审计，其实主要目的并不是降低乡村振兴项目建设过程中的成本，更重要的是实现对造价的控制，自然环境的多变性会影响施工进度，从而影响项目建设成本。这个过程的审计工作量较大，跟踪审计本质上属于监督机制，防止相关负责人徇私舞弊，内审人员在乡村振兴项目施工阶段一边开展审计工作，一边对建设过程进行规范。乡村振兴项目施工阶段流程如图 12-6 所示。

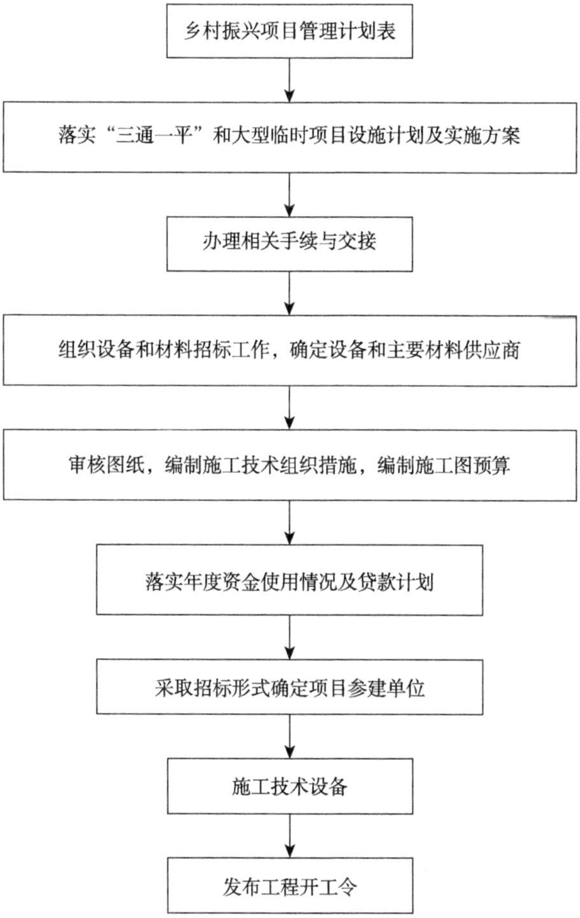

图 12-6　乡村振兴项目施工阶段流程

2. 制定风险导向审计程序

首先，通过访谈可知，乡村振兴项目施工过程的审计工作主要涉及隐蔽工程、工程设计变更、项目费用索赔、进度款支付、材料采购等问题。同时，施工合同也可能存在一定风险，企业内部控制有效性同样会导致施工阶段审计风险升高，企业内控一旦失效，将对乡村振兴项目从立项到决算过程产生不可估量的风险。施工阶段对现代技术利用越来越广泛，每个企业对农业技术的运用状况也不一样，内审人员缺乏农业项目跟踪审计经验，审计技术未与施工技术相匹配，导致施工阶段风险增加。乡村振兴项目施工阶段审计流程如图 12-7 所示。

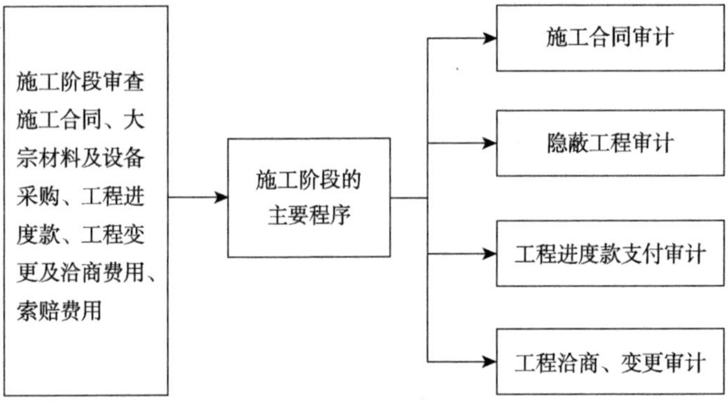

图 12-7 乡村振兴项目施工阶段审计流程

其次，内审人员需要具体关注隐蔽工程、工程设计变更、项目费用索赔、进度款支付、材料采购等问题。

（1）隐蔽工程。内审人员应该深入调查隐蔽工程是否真实，是否实事求是，如屋面工程、预埋工程、安装工程及装饰工程，本篇案例 LXG 项目的基础设施工程中包含市政工程，其所含的隐蔽工程较多，内审人员排除这些潜在风险所耗费的时间较多。屋面工程是屋面的基层处理，应审查其防水效果、保温性能及隔热效果的做法是否合规，将其与采用图集对照。预埋工程主要是对铁件和管线进行预埋，应重点关注预埋情况是否按照施工图纸实施，管线的数量也要审核。在实施安装工程时，材质以及相应的规格要与图纸进行核对，敷设方式也应保持一致，要与图集的要求保持一致。装饰工程同前者要求一致。

（2）工程设计变更。乡村振兴项目风险点包含以下几点。第一，审查变更是否合理，同时，了解变更项目以及实施变更理由。第二，实施变更流程与相应规定是否合理，以及由此引起改变的合同价款是否实事求是。第三，工程造价是否因变更而受到影响，同时，对项目变更过程产生的费用变化要进一步核实，利用科学技术，优化变更措施，降低变更费用，保证资源高效利用。第四，寻找项目变更材料，将其当作造价控制的支撑。

（3）项目费用索赔。导致费用索赔的原因众多，如土质产生改变。案例LXG 项目中有机粮食的种植需要多种营养元素，土壤营养元素流失严重，公司未依据合同执行，导致费用索赔事件频繁。内审人员重点关注索赔事件是否合理，合同依据是否完整，保证原始材料齐全，索赔手续完整，审核索赔款项。对可能引发乡村振兴项目索赔的风险因素进行重点跟踪审计，对风险较高的索赔事项及时预防。内审人员应依据索赔事项，审查跟踪审计日记、往来材料、会议记录、现场照片及施工相关记录等系列索赔凭证。

（4）进度款支付。依据乡村振兴项目价款的结算要求，结合项目施工进展和预付款项及工程监理状况，对乡村振兴项目管理部门审核的项目价款结算清单进行审阅，对拨付资金提出意见。根据项目施工工程量，对工程进度款进行考察，同时还需针对进度款使用效率提出改进建议，对进度款使用严格把控，禁止超额支付进度款。以施工进度为依据，结合合同指定时间，提示单位支付款项，防止由于付款而造成索赔。内审人员实施跟踪审计时，重点关注实际与计划进度数额的一致性，对项目工期和项目造价产生不良影响的事项要深入分析，及时汇报给有关部门。

（5）材料采购。乡村振兴项目涉及分支项目众多，所需采购的材料类型众多，采购工作量较大。相关部门对工程量清单少算或不了解项目特征导致超预算采购；为简化流程以及控制采购成本导致供应商选择不当；乡村振兴项目处于发展初期，相关人员对此不熟悉，前期可行调研不充分导致采购流程把控不严等行为会加大内审人员审计难度，提高项目建设成本。

最后，在识别了施工阶段几个关键风险点后，实施实质性审计程序，主要包括：第一，根据识别的风险点制订审计检查方案；第二，为控制测试及实质性测试提供依据，策划审计程序；第三，对内控制度进行改进并实施审计，披露具体的测试程度；第四，根据评估结果提出风险应对措施；第五，对无法识别具体等级的风险实施实质性程序。

综上所述，乡村振兴项目施工阶段审计风险点较多，而且严重程度较高，隐蔽工程、工程设计变更、项目费用索赔、进度款支付及材料采购应该是引起内审人员高度关注的风险点。

12.1.5　乡村振兴项目竣工阶段

1. 竣工过程审计环境分析

依据乡村振兴项目有关规定，乡村振兴项目跟踪审计始终都非常受关注的环节就是竣工验收过程。对企业投资效果及利益相关方的收益进行评价是实施竣工阶段审计的主要原因。一方面，该阶段审计工作会对乡村振兴项目资金使用的合法性、效率性起到保障作用；另一方面，从乡村振兴项目的建设中吸取经验教训，有利于企业管理乡村振兴项目的提升。乡村振兴项目竣工阶段流程如图 12-8 所示。

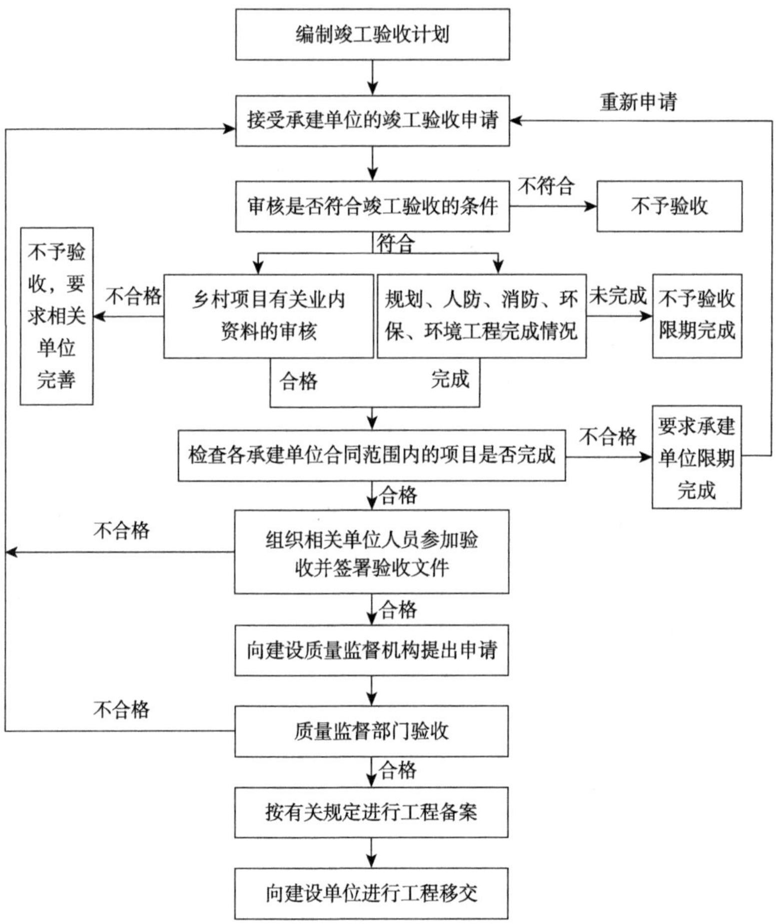

图 12-8　乡村振兴项目竣工阶段流程

当前，乡村振兴项目竣工验收时出现的问题较多，高估冒算，重复、多列项目的费用支出较为严重。乡村振兴项目涉及利益相关方众多，不同于普通工程建设项目，内审人员如果缺乏审计经验，审计难度大。内审人员应深入分析竣工环节审计难点，制定适宜的审计程序，完善竣工审计流程，这样才能确定完工项目财务情况及建设完成效益，对结算过程有关指标的真实性有所保障，且投资效益和效果的评价较为科学。竣工阶段如果只对会计报表进行审计，则实务情况与数据资料可能存在偏差，不仅会导致审计实务与理论严重脱节，还可能得出错误的审计意见。

2. 制定风险导向审计程序

首先，在乡村振兴项目的竣工阶段审计过程，工程造价及财务等问题需要重点关注，资金来源及其运用的合法性、合规性，以及合同真实性是内审人员需要重点关注的问题。项目变更签证的真实性、合法性也要关注。乡村振兴项目竣工阶段审计流程如图 12-9 所示。

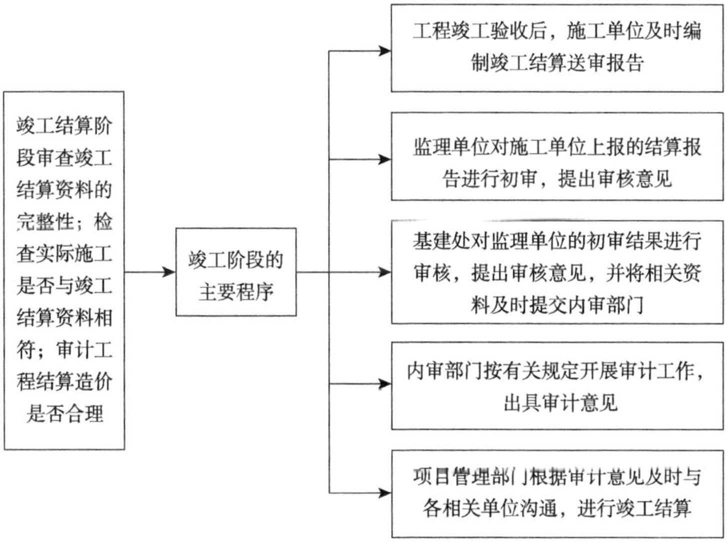

图 12-9　乡村振兴项目竣工阶段审计流程

其次，项目的完工进度及质量是否符合要求需要重点关注，在建工程是否及时转为固定资产也需要重点关注。同时，对企业的内部控制执行状况进行审计也不容忽视。竣工验收过程重要的审计依据就是乡村振兴项目建设各阶段所涉及的文件，全面审查各项资料的真实性和合法性，包括合同、变更材料、施工图等。具体审查的资料和步骤可以参照工程建设项目的审计流程，除了通过实地观察、检查方式识别风险，必要时还应与有关人员进行沟通交流，尽最大可能求证结算资料的真实性，以实现乡村振兴项目资金使用和项目质量的有效管理。

最后，在识别的风险点基础上，制订具体的检查方案，以便进一步评估风险，并提出风险应对措施。

综上所述，乡村振兴项目竣工阶段，资金管理情况应该是内审人员高度关注的风险点，审查资金的来源及资金的使用情况、专项资金是否使用混乱、乡村振兴项目成本控制情况，不仅影响项目建设质量，还反映资金使用效率。

12.2 乡村振兴项目跟踪审计的风险评估

上节通过对乡村振兴项目建设流程进行了解，定性分析了乡村振兴项目各阶段审计风险的分布情况，本节在对乡村振兴项目跟踪审计存在风险适当扩充的基础上，使用风险矩阵法对风险进行定量评估，并针对高风险领域，提出相应的风险应对措施。

12.2.1 风险类型的划分

综合文献研究成果、对投资企业建设乡村振兴项目审计风险的识别，以及笔者对相关农村建设项目跟踪审计的专家访谈后，又增加了除乡村振兴项目自身以外的风险点，即被审计对象以外的风险点，包括内审人员自身风险和外部审计环境风险。其中，风险的识别以现代风险导向审计模型为基础，风险归类主要从宏观和微观两个角度出发，将乡村振兴项目跟踪审计的风险因素分为三类：被审计对象风险、审计主体风险和审计环境风险。

1. 被审计对象风险

作为内审人员跟踪审计对象——乡村振兴项目，其自身便是审计风险源头，振兴项目建设始终是一个繁杂的过程，利益关联方较多。笔者一共访谈了 4 个乡村振兴项目（3 个田园综合体项目和 1 个农家乐项目），并根据跟踪审计流程及产业振兴项目特点，将被审计对象自身风险归为以下几类：在决策过程中，决策流程是否完整会对项目建设产生影响；在设计过程中，项目设计文件及设计概算是否合理需重点关注；在招投标过程中，招投标文件及招投标程序都存在较高风险；在施工过程中，存在隐蔽工程、工程设计变更、项目费用索赔、进度款支付及材料采购等风险；在竣工阶段，资金管理需要重点关注，尤其是专项资金使用存在一定风险。

除上述跟踪审计各阶段常见风险外，项目整个建设阶段都可能涉及内部控制风险、合同执行风险及材料价格风险。第一，内部控制风险，投资企业对整个振兴项目管理活动予以控制，一旦企业内控存在障碍，自然而然会对跟踪审计结果产生不良影响，内审人员容易产生越位，直接加入项目建设，行使建设者权利，内审人员实施跟踪审计间接成为乡村振兴项目建设的咨询者。振兴项目投资企业内部控制的有效程度与审计风险变动方向相反，企业内部控制越有效，审计风险就越低，反之，审计风险就越高。第二，合同执行风险，招投标合同、施工合同都可能存在一定风险。例如施工合同，乡村振兴项目施工指导依据就是施工合同，在施工过程中，纠纷频繁发生且种类复杂，处理纠纷问题不可或缺的依据就是施工合同。第三，材料价格风险，自 2012 年至今，我国 GDP 增长率逐渐放缓，为加强市场秩序，部分材料供应有所下降，项目建设所需材料价格一直处于波动状态。材料价格上涨引发固定材料单价或是总价款的施工合同变动，导致施工企业无力承担，可能引发大量纠纷，所以前期审计阶段材料价款审查也要关注。当市场价款与合同价款存在较大差距时，材料价格风险就会产生。

2. 审计主体风险

内审人员能力对审计工作质量至关重要，跟踪审计涉及范围全面、复杂，对内审人员专业知识能力要求颇高。跟踪审计并没有在国内得到普及，尽管可以邀请第三方审计机构进行联合审计，但内审人员缺乏实践经验，会影响跟踪审计质量。若实施跟踪审计，内审人员只有对经济、管理、工程等多种专业知识全方位学习，乡村振兴项目跟踪审计质量才能有保障。内审人员大都专业单一，缺乏复合型人才，不利于乡村振兴项目成本控制，也会导致审计风险加大。此外，内审人员独立性始终是审计风险滋生的源头。

3. 审计环境风险

审计环境风险，顾名思义，由审计环境引发的审计风险，与竣工审计工作环境相比，乡村振兴项目跟踪审计所触及范围广，周期较长，导致审计风险增加。

政治经济环境风险。审计质量在一定程度上受到乡村振兴项目所处的政治经济环境影响。例如，经济下行、自然资源环境的不稳定性、政府政策的变更、社会的不稳定性及行业变化都将对振兴项目建设造成影响，某些风险发生率尽管相对较低，也可能对项目建设产生致命影响。2017 年以来，经济政策、环保政策变动较为频繁，建筑行业法规任何的风吹草动都可能导致审计风险产生。

跟踪审计实施基础是结算审计，根据市场经济需求而发展、创新。在积累实践经验的基础上，跟踪审计逐步迈入较为完整的运行轨道，不过，与跟踪审计相关法律法规还不尽完善，乡村振兴战略在 2017 年提出，大部分投资乡村振兴项目的非上市企业成立时间较短，内审人员无法可依，审计所涉及的广度与宽度、审计方法选择、审计标准界定都处于模糊状态。同时，法律依据不足导致内审人员所承担的社会责任不够明确，进而致使内审人员工作态度随意，工作缺乏原则性，审计风险将随之上升，因而审计效率、效果将大打折扣。

12.2.2 风险评估方法的选择

本篇采用风险矩阵法对风险因素进行评估，该方法源于美国空军电子系统中心。风险矩阵法是在项目建设过程中识别项目风险等级的结构性方法，以乡村振兴项目跟踪审计风险类型为基础，分析乡村振兴项目建设过程中的潜在风险，判断风险的影响程度，确定风险发生的概率，筛选出风险级别较高的风险点，指出具体应对措施。

本篇借鉴刘国靖等多位学者关于风险矩阵法使用过程的研究[119~122]，根据乡村振兴项目跟踪审计风险的管理特征，把原始风险矩阵进行进一步修正，删除了需求栏、技术栏等一部分不合适栏目，在乡村振兴项目跟踪审计风险矩阵中保留了五个主要栏目，然后邀请专家对风险进行打分（本篇邀请的专家具备丰富的工程造价、农业、经济、法律、财务、管理方面的知识和实践经验），本篇设计的风险模型如表 12-1 所示（风险因素可以依据项目特点及专家建议进行适当调整）。

表 12-1 乡村振兴项目跟踪审计风险模型

风险因素		风险影响值	风险影响程度	风险概率	风险等级
被审计对象风险	决策流程的完整性				
	设计方案的合理性				
	招投标文件、程序				
	工程款索赔				
	预付款支付				
	工程设计变更及隐蔽工程				
	采购价格风险				
	资金管理情况				
	内部控制有效性				
审计主体风险	职业能力				
	独立性				
审计环境风险	经济政治环境				
	法律依据				

12.2.3 风险影响程度的确定

鉴于风险因素更偏向于定性指标而非定量指标，本篇采用专家访谈、打分法确定风险级别。为了使专家打分更为合理，风险影响评价标准划分为关键、严重、中度、微小、可忽略这 5 个层级，根据从小到大的顺序依次赋值为 0~1、1~2、2~3、3~4、4~5 分。专家打分时可以参考上述标准给予评价。风险影响等级表如表 12-2 所示。

表 12-2　风险影响等级表

风险影响等级	具体数值	具体含义
关键	4~5	风险一旦产生，乡村振兴项目跟踪审计失败
严重	3~4	风险一旦产生，乡村振兴项目跟踪审计目标严重下降
中度	2~3	风险一旦产生，对乡村振兴项目跟踪审计中度影响
微小	1~2	风险一旦产生，对乡村振兴项目跟踪审计影响微小
可忽略	0~1	风险一旦产生，对乡村振兴项目跟踪审计无影响

12.2.4　风险概率的确定

乡村振兴项目跟踪审计风险发生概率较难准确判定，对风险发生概率产生影响的潜在因素很多，而且每个乡村振兴项目的特点也不完全一样。因此，综合不同乡村振兴项目的特征，邀请专家对乡村振兴项目风险点的发生概率予以评估，并对部分专家进行访谈，深度挖掘乡村振兴项目审计状况。风险发生概率表如表 12-3 所示。

表 12-3　风险发生概率表

风险概率范围	0~10%	11%~40%	41%~60%	61%~90%	91%~100%
说明	非常不可能发生	不可能发生	可能在项目中期发生	可能发生	极有可能发生

12.2.5　风险等级对照表

在判定出风险影响栏及风险概率栏的数值后，将其填入风险矩阵，以此来判定风险等级，风险等级对照表如表 12-4 所示。

表 12-4　风险等级对照表

风险概率范围	可忽略	微小	中度	严重	关键
0~10%	低	低	低	中	中
11%~40%	低	低	中	中	高
41%~60%	低	中	中	中	高
61%~90%	中	中	中	中	高
91%~100%	中	高	高	高	高

综上所述，乡村振兴项目跟踪审计的风险评估主要采用风险矩阵法和专家打分法。首先，根据识别的乡村振兴项目跟踪审计风险点，设计乡村振兴项目跟踪审计风险模型（审计风险因素可视乡村振兴项目类型的不同做适当调整）；其次，邀请专家对风险点的影响程度和发生概率进行打分；最后，将各位专家打分结果进行加权平均，得出不同风险的发生概率和风险影响程度，将其与风险等级表对应，从而实现对风险等级的认定。

12.3 乡村振兴项目跟踪审计的风险应对

根据访谈多个乡村振兴项目的结果可知，乡村振兴项目尤其是产业振兴项目较为复杂，不再局限于传统单一模式的项目建设，乡村振兴项目类型众多，导致乡村振兴项目在审计各阶段所面临的风险复杂多样。

针对被审计对象，在决策阶段，重点关注决策依据是否充足，编制过程是否按照建设项目的相关制度规定，报告中有关的技术方法能否与乡村振兴项目要求相匹配。在设计阶段，审计设计概预算是否与国家相关标准一致及是否合理，是否以可行性研究报告为依据，概预算的计量、计价应符合常理，不能超过估算的数额。在招投标阶段，关注文件材料完整性、条款合理性，审查招标资料内容完整性及合理性，重点考察对乡村振兴项目造价可能造成不良影响的款项。在施工阶段，调查隐蔽工程是否真实，是否实事求是，如屋面工程、预埋工程、安装工程和装饰工程；审查工程设计变更是否合理，了解变更项目及实施变更理由，关注实施变更流程与相应规定是否合理以及由此引起改变的合同价款是否实事求是；项目费用索赔方面，重点关注索赔事件是否合理，合同依据是否完整，保证原始材料齐全，索赔手续完整，审核索赔款项；进度款支付方面，依据项目施工进展和预付款项及工程监理状况，对乡村振兴项目管理部门审核的项目价款结算清单进行审阅，对拨付资金提出意见；材料采购方面，审核项目预算采购，严格控制采购流程，选择合适的供应商。在竣工阶段，关注工程造价及财务问题，尤其是资金管理问题，关注资金来源及运用的合法性、合规性，设立专项资金账户，防止专项资金使用混乱，遏制高层人员徇私舞弊行为。

针对审计主体和审计环境，内审人员职业能力、独立性以及人员配备合理性也要予以关注，通过对内审人员实行制度约束、进行人员培训等诸多办法应对内审人员风险。对于政治经济环境及审计依据的缺乏，公司应学会自我防御、自我监督与管控、有效鞭策与激励，这样在面临风险时才能有效应对。上述风险的差别导致风险应对措施也存在一定差异，但是审计过程需要关注的风险点也具有相似性，很多关键风险点的应对措施存在异曲同工之妙，下文在引入案例时，将具体问题具体分析，风险应对措施也可供其他乡村振兴项目参考借鉴，这里就不再赘述。

12.4 本章小结

本章运用定性与定量分析相结合的方法，构建基于风险导向的乡村振兴项目跟踪审计模式。该模式从内部审计角度出发，分析乡村振兴项目全过程即决策、设计、招投标、施工及竣工五个阶段的风险，并确定每个阶段关键风险控制点，然后运用风险矩阵法和专家打分法对识别的关键风险控制点进行评估。风险矩阵法流程包括风险影响程度的确定、风险概率的确定及风险等级的对照，并针对风险较高的点提出风险应对的大致策略。第 13 章将结合 LXG 项目的深度访谈资料，探讨风险导向的乡村振兴项目跟踪审计模式的适用性和可靠性。

第 13 章　基于风险导向的 LXG 项目跟踪审计案例调查

以构建的乡村振兴项目风险导向跟踪审计模式为基础，选取产业振兴项目的典型代表——LXG 田园综合体项目进行深度调查，根据获取的资料，分析风险导向跟踪审计模式对 LXG 乡村振兴项目的审计效果，探讨风险导向乡村振兴项目跟踪审计模式的适用性和可靠性。

13.1　案 例 选 择

本章以 LXG 项目为研究对象。笔者曾多次前往 LXG 项目，对 LXG 项目建设情况进行深度调查，并对 LXG 项目投资企业——TC 公司的董事长、经理人员、财务人员、内审人员以及 LXG 项目的合作审计机构等相关人员进行访谈。由于企业内部审计资料保密性较强，并且 LXG 项目建设时间较短、资料比较新，相关资料难以获取，前期访谈工作始终未取得实质性进展。但是，通过与 TC 公司内审人员的深入接触、交流，LXG 项目调研工作取得进展。虽然没有全程参与 LXG 项目的审计工作，但根据访谈者提供的可行性研究报告、部分合同文件、财务资料和访谈者陈述的观点，笔者运用风险导向的乡村振兴项目跟踪审计模式对 LXG 项目的风险点进行识别，判断 LXG 项目在跟踪审计阶段面临的风险。然后，邀请专家对 LXG 项目跟踪审计过程的风险点进行评估。最后，根据风险评估确定的风险等级提出风险应对措施。

13.1.1　案例背景

乡村振兴战略提出以来，上至中央政府，下至地方各级政府，都积极响应该政策的号召。中央政府将精准扶贫与乡村振兴共同推进，实现乡村振兴项目与扶贫资金的统筹衔接。精准扶贫是乡村振兴的重要前提和基本构成，乡村振兴是持续提升脱贫质量、实现乡村全面振兴的有效途径，二者统筹衔接，致力于解决农村发展不平衡、不充分问题。LXG 项目属于产业振兴项目中有机茶田园综合体，该项目借助新经济发展模式，由 TC 公司负责投资建设，该公司属于非上市公司。TC 公司位于山东省 T 市，具体位于 XT 县级市。2019 年 XT 市收到扶贫资金共计 4 093.29 万元，资金分配如表 13-1 所示，资金的分配较为细化，精准扶贫与乡村振兴两者相辅相成，共同推动乡村全面振兴与发展。

表 13-1　2019 年 XT 市各级财政专项扶贫资金支出计划表　单位：万元

项目名称	省级资金	市级资金	县级市级资金	小计
产业发展	1 346	929	—	2 275
孝善养老	—	—	170.42	170.42
扶贫特惠保险	281	238.65	230.563	750.213
金融扶贫	—	—	79.017	79.017
雨露计划	58	132.35	—	190.35
危房改造、改水、改厕等	—	—	300	300
建档立卡工作经费	29	—	—	29
工作经费	—	—	30	30
工作成效奖励资金	200	—	—	200
金晖助老	4.29	—	—	4.29
少数民族发展	15	—	—	15
国有贫困林场	50	—	—	50
合计	1 983.29	1 300	810	4 093.29

资料来源：根据 XT 市人民政府官网资料整理

当下，乡村振兴的速度正在逐步加快，中央政府对 T 市的具体财政补助如表 13-2 所示，由表可知，乡村振兴资金分配共计 50 202 万元，对于 XT 市的振兴资金分配共计 9 034.09 万元，其中专项扶贫资金共计 66 万元，以上资金的分配为 XT 市乡村振兴提供大力支持。LXG 项目必然也是中央财政补助的受益者。

表 13-2　2019 年乡村振兴重大专项资金（中央财政补助）预算分配表

单位：万元

县（市、区）	合计	专项扶贫资金	地方公共文化服务体系建设资金	车辆购置税收入补助地方资金	农业生产发展资金	水利发展资金	大中型水库移民后期扶持资金	农村危房改造补助资金	动物防疫补助资金	农业资源及生态保护补助资金	产粮大县奖励资金（农机转型升级）	林业改革发展资金
合计	50 202	2 639	574	10 802	11 276	6 009	15 116	1 206	926	1 430	160	64
TS 区	967.55	58	68	200	479	15	135	—	8.55	4	—	—
DY 区	6 492.22	89	69	1 619	2 703	1 054	439	406	97.22	6	10	—
XT 市	9 034.09	66	108	3 356	1 124	1 450	2 216	207	266.09	180	45	16
FC 市	5 361.69	69	80	648	2 372	589	309	133	85.69	1 010	50	16
NY 县	7 350.95	22	82	3 076	2 136	1 233	233	344	196.95	10	10	8
DP 县	17 666.04	2 281	89	466	1 914	1 235	11 090	116	204.04	210	45	16
GX 区	2 267.33	54	53	1 022	526	350	201	—	61.33	—	—	—
TSJQ 区	1 062.13	—	25	415	22	83	493	—	6.13	10	—	8

资料来源：根据 XT 市人民政府官网资料整理

根据山东省财政厅《关于提前下达 2019 年乡村振兴重大专项资金（省财政补助）预算指标的通知》和 T 市涉农统筹整合资金的要求，T 市下达（省、市财政补助）预算指标。如表 13-3 所示，除了专项扶贫资金 17 742 万元外，工程项目建设资金占比较大，表明政府对项目建设重视，LXG 项目也受到政府专项资金的补助。T 市乡村振兴重大专项资金（市财政补助）预算分配表如表 13-4 所示，T 市乡村振兴重大专项资金（省财政补助）预算指标如表 13-5 所示。

表 13-3　2019 年乡村振兴重大专项资金（省、市财政补助）预算分配表

单位：万元

县（市、区）	合计	约束性任务资金					县自主统筹资金
		小计	专项扶贫	黄河滩区居民迁建	灾后重点防洪防灾工程建设	村级组织运转保障	
合计	93 435	51 268	17 742	2 697	21 196	9 633	42 167
TS 区	4 549	1 644	487	—	846	311	2 905
DY 区	10 412	5 097	1 317	—	2 600	1 180	5 315
XT 市	14 212	6 654	2 881	—	1 507	2 257	7 567
FC 市	15 750	9 300	2 559	—	5 110	1 631	6 450
NY 县	18 126	10 976	2 363	—	7 114	1 499	7 150
DP 县	17 360	10 664	5 248	2 697	816	1 903	6 696
GX 区	9 686	5 956	2 160	—	3 143	653	3 730
TSJQ 区	3 340	986	727	—	60	199	2 354

资料来源：根据 XT 市人民政府官网资料整理

表 13-4　2019 年乡村振兴重大专项资金（市财政补助）预算分配表

单位：万元

县（市、区）	合计	约束性任务
		专项扶贫
合计	1 642	1 642
TS 区	32	32
DY 区	80	80
XT 市	132	132
FC 市	134	134
NY 县	134	134
DP 县	1 056	1 056
GX 区	62	62
TSJQ 区	12	12

资料来源：根据 XT 市人民政府官网资料整理

表 13-5　2019 年乡村振兴重大专项资金（省财政补助）预算分配表

单位：万元

县（市、区）	合计	扶贫资金	黄河滩区居民迁建补助资金
TS 区	80.80	80.80	—
DY 区	235.10	235.10	—
XT 市	270.29	270.29	—
FC 市	209.40	209.40	—
NY 县	83.01	83.01	—
DP 县	3 165.40	1 105.40	2 060.00
GX 区	164.50	164.50	—
TSJQ 区	79.50	79.50	—
合计	4 288.00	2 228.00	2 060.00

资料来源：根据 XT 市人民政府官网资料整理

此外，2019 年 T 市加大资金投入，市级整合 29 项涉农资金 5.9 亿元，争取省以上涉农资金 15 亿元，合计 20.9 亿元用于乡村振兴。加大招商引资力度，为齐鲁样板打造项目争取到资金 2 571 万元，引进鲁商集团、北京新农创等优质农业招商项目 81 个、总投资 385 亿元。政府致力于将乡村振兴与脱贫攻坚进行完美衔接，大力促进乡村振兴项目发展。

13.1.2　LXG 项目

本篇以 LXG 项目为例，其属于田园综合体项目。在田园综合体中，一、

二、三产业互融互动，通过多产业相互渗透融合，集休闲娱乐、养生度假、文化艺术、农业技术、农副产品、农耕活动于一体，延伸现代农业原有的研发、生产、加工、销售产业链。LXG位于山东省T市，该市致力于推动“十大”乡村振兴项目全部插旗，如表13-6所示。

表13-6 T市“十大”乡村振兴项目

乡村振兴项目	主要内容、进展
十个市级乡村振兴先行区打造项目	落实一名领导包保、设立一个工作专班、编制一个发展规划、制订一个工作方案、一月一调度、一季一观摩、半年一总结、年底一考评的“八个一”工作法。目前，10个市级先行区面积达33.3万亩，涵盖73个村、4万户、13.6万人
现代农业产业园创建项目	创建TS区1个国家级，XT市、NY县、FC市3个省级产业园和6个市级农业产业园，总面积71万亩，总投资33.7亿元
十大优势产业培植项目	培植总面积84万亩，总产值147亿元。其中，茶叶种植面积达到5万亩，产值8.6亿元
农村改厕项目	总投资5 071万元，建成78个管护服务站，配备562名技术服务人员、149台吸粪车、7 300个便携式吸粪器，累计完成61.75万户的改厕任务，基本实现农村无害化厕所全覆盖
农村生活垃圾治理项目	建设生活垃圾焚烧发电厂4座、转运站92座，配备收集桶12万余个，购置转运车483辆，保洁人员达1.75万人
农村生活污水治理项目	2019年11月，省里将年初确定的40%的全年治理任务改为由各地市自行确定，将全年任务调整为编制县域农村生活污水治理实施方案和完成10%、342个行政村的治理任务。目前，全市3 315个行政村中，已有348个行政村治理完成，占比10.5%
美丽乡村建设项目	投资3亿元，新建美丽乡村155个，其中省级28个、市级60个、县级67个，总数达到817个
农村道路“三通”项目	投资12.69亿元（其中市财政安排1.5亿元专项资金），共完成836个村庄的建设任务，解决了村民最后“一百米”的出行问题
粮食生产“十统一”项目	选取FC市和GX区作为试点县市区、17个乡镇作为试点乡镇，共完成全市试点面积100万亩
精准扶贫巩固提升项目	对“两不愁三保障”、项目建设运营和饮水安全等工作进行了拉网式复查整改，完善了稳定脱贫长效机制，圆满完成了全年巩固提升任务

资料来源：根据T市人民政府官网资料整理

由表13-6可知，T市乡村振兴项目种类颇多，政府和社会的投资力度和工作成果显著。LXG项目的示范园区规划总用地298公顷，规划以商业服务业设施用地、居住用地、绿地与广场用地、一类工业用地为主，其中，商业服务业设施用地45.65公顷，居住用地37.39公顷，绿地与广场用地42.30公顷，一类工业用地24.93公顷。示范园区拟建的六大重点项目预计总投资14.78亿元，资金来源如下：争取国家及省级财政扶持资金约1.8亿元，占项目总投资的12%；争取地方财政扶持资金8 000万元，占项目总投资的5%；引进企业和社会合作资金12.18亿元，占83%；同时通过信贷、补贴、税收等相关政策，引导和鼓励金融机构、企业及新型经济主体积极投身于农业，形成“以政府投入为引导，以社会投入为主体”的农业投资模式。

LXG项目大致分两个建设阶段，预计4年完成。第一阶段：2017年3月~2019年9月，分别为有机农业种植区项目、农产品加工区项目及基础设施工程建设项目。第二阶段：2019 年 10 月~2021 年 3 月，分别为生态养殖区项目、茶文化特色旅游区项目及主题旅游区建设项目。由于笔者调研时 LXG 项目的二期建设项目还未结束，所以重点对一期建设项目进行跟踪审计研究。一期项目建设中，有机农业种植区项目投资达35 399万元，主要种植秦皇菊、有机粮食及有机中草药，如图 13-1 所示。

图 13-1 有机农业种植区项目

农产品加工区项目投资达14 100万元，主要包括年产100吨有机茶加工厂及年产 150 吨有机菊花加工厂，如图 13-2 所示。

图 13-2　农产品加工区项目

基础设施工程建设项目投资达27 693万元，主要包括市政设施工程、生态景观修复工程、园区旧村改造项目及“互联网+”创新展示平台项目，其中，“互联网+”创新展示平台项目的未来发展模式如图 13-3 所示。

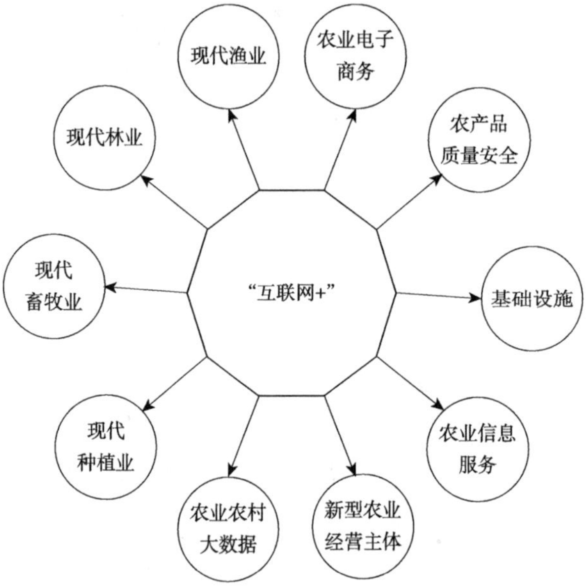

图 13-3　“互联网+”创新展示平台项目的未来发展模式

13.2　LXG 项目跟踪审计的风险识别

LXG 项目建设过程的利益关联方如图 13-4 所示，熟悉关联方关系、公司组织架构是全面识别审计风险的保障。TC 公司组织架构如图 13-5 所示，TC 公司对 LXG 项目审计采用“以内审部门为主，以第三方机构为辅”的模式，根据对 TC 公司相关人员的深度访谈结果，运用风险导向跟踪审计模式识别 LXG 项目的风险点。

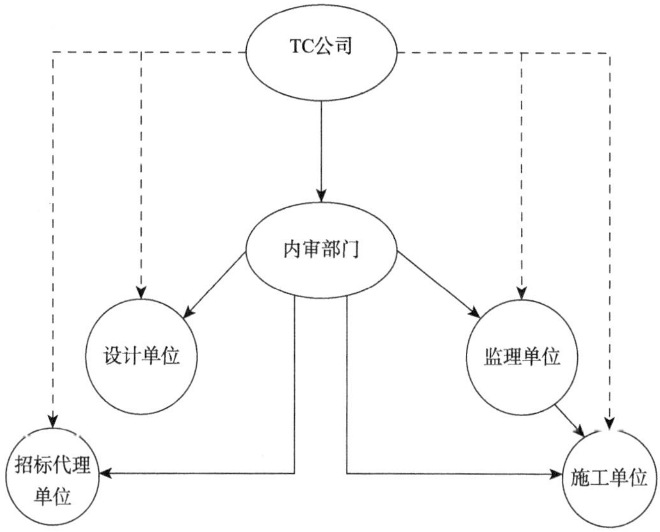

图 13-4　LXG 项目的利益关联方

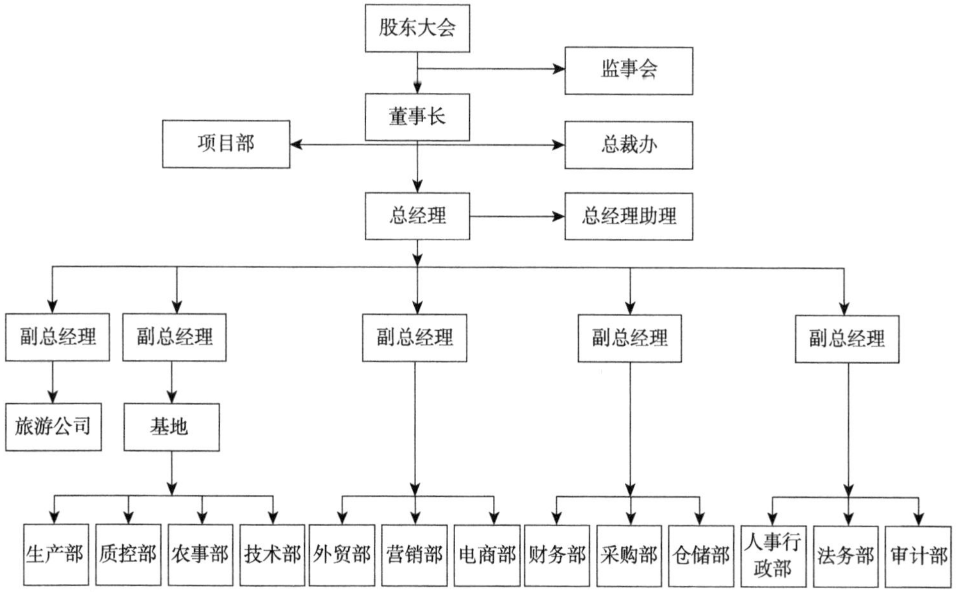

图 13-5　TC 公司组织架构图

13.2.1 LXG 项目决策阶段

LXG 项目可行性研究报告清晰、完整，由 T 市政府批准建设，当地自然资源满足各分支项目建设需求。内审人员应重点关注以下环节：首先，应检查审批手续是否完整；其次，检查资金来源是否正当，是否存在非法筹集资金行为，根据投资估算，分析不同项目资金分配合理性；最后，审查企业因为经营不善而无法偿还筹资金额的风险。该项目的投资总估算金额如表 13-7 和表 13-8 所示。

表 13-7 LXG 项目 2017~2021 年总投资估算表 单位：万元

序号	项目名称	估算投资
1	有机农业种植区项目	35 399
2	农产品加工区项目	14 100
3	基础设施工程建设项目	27 693
4	茶文化特色旅游区项目	33 090
5	主题旅游区项目	30 900
6	生态养殖区项目	6 580
	合计	147 762

资料来源：根据 LXG 项目可行性研究报告整理

表 13-8 一期项目投资估算明细表 单位：万元

序号	项目名称	投资估算
1	有机菊花、有机粮食特色种植区	11 746
2	有机中草药特色种植区	23 653
3	有机粮食加工厂	5 200
4	有机中草药加工厂	8 900
5	园区旧村改造项目	2 128
6	“互联网+”创新展示平台	1 900
7	市政设施工程	23 000
8	生态景观修复工程	665
	合计	77 192

资料来源：根据 LXG 项目可行性研究报告整理

由表 13-7 可知，农业种植、农产品加工、基础设施的估算投资额分别为 35 399 万元、14 100 万元、27 693 万元，要重点检查各分支项目估算金额是否合理，数据见表 13-8。据前文可知，基础设施建设工程包括 4 个项目（园区旧村改造项目、“互联网+”创新展示平台、市政设施工程、生态景观修复工程），其中，市政工程投资在基础设施项目中达 83.05%，易存在虚报金额以获取社会资金的不合法行为。根据访谈结果判断，LXG 项目决策流程较为完整，未发现重大不合规事项。

简言之，LXG 项目决策阶段虽然涉及金额较大，但是决策流程执行基本到位，且可行性研究报告得到政府批复，因此，LXG 项目决策流程存在的审计风险较低。

13.2.2　LXG 项目设计阶段

LXG 项目在开工以前需要向政府的有关部门上交有关文件，内审人员应重点审查项目可行性研究报告、项目设计概算等，上述文件的合理性、合法性都能在不同程度上反映 LXG 项目决策、设计概算的科学性。LXG 项目主要按照工程投资建设项目相关要求编制概预算，相关材料上只写了立项时投资估算及资金筹措的主要方式，这与《基本建设财务规则》中涉及项目概算的要求不一致，也与《投资项目可行性研究指南》中有关规定相违背，项目类别的差异性并没有体现在估算表中，与同类项目造价存在差距，资金的模糊分配加大了审计难度。公司缺乏完整、合理的 LXG 项目概算文件，内审人员无法实现设计阶段的审计目标，导致审计工作效率降低和审计风险产生。

设计阶段产生审计风险的原因如下。第一，TC 公司高层管理人员存在管理失职行为，忽视公司建设发展的重要性，并未履行工作义务，未关注设计概算不合理的危害。第二，相关负责人为了得到政府批复而谎报投资规模及所需资金，这样会导致竣工结果与项目立项要求差距大，不仅不利于后期资产入账价值的确定，还导致乡村振兴项目整个管理过程都受到影响。

简言之，LXG 项目在设计阶段，概预算的编制与相关规定相悖，且 LXG 项目的差异性也未体现在设计概预算中，所以设计方案的不合理会导致审计风险增加。

13.2.3　LXG 项目招投标阶段

LXG 项目的招投标程序存在漏洞，文件条款的疑点重重，导致招投标程序及文件的审计风险都较高，具体体现在以下几个方面。

（1）TC 公司未掌握招投标工作要领。市政设施工程、生态景观修复工程项目有关的招投标文件并不齐全，可能存在编制疏漏情况。

（2）招投标程序不严格。2017 年 5 月 T 市 4 家施工单位参加农产品加工项目中某项目的招标活动，施工合同签订时间比中标时间还要早，投标人为了中标成功，没有完全遵照招投标程序实施，涉及合同总金额约 280 万元。这不符合《中华人民共和国招标投标法》的相关条例执行程序，会导致合同执行效果下降，造成项目竣工阶段存在较多与事实不一致现象。2017年3月至2018年3月，已签合同共计48项，涉及合同金额691万元，其中合同补充协议12项，涉及合同金额68万元。上述有关招投标类合同的真实性内审人员应仔细审核。

（3）招标量清单不符合实际施工情况。例如，给水设施及管网中的压力钢管数量比招标时增加近2倍，这使得项目招标量清单与实际不符，而且导致结算金额增加，中标单位未按照招投标合同实施。

招投标阶段产生审计风险的原因如下：负责人未严格执行招投标流程，存在使LXG建设管理过程简化的行为，严重时会给TC公司和政府造成巨大损失。TC公司对该过程的重视程度不够，存在故意隐瞒的行为，只为尽快中标获取施工资格，这会为施工、竣工阶段的审计工作带来一系列问题。同时，相关材料、文件不齐表明公司责任人对该过程不重视，这使得合同权威性和效力都不复存在，导致重复劳动、后期实施的工程量与决策、设计阶段相悖，中标价格与LXG项目最终建成的差额明显，最终造成内审人员审计难度加大，审计风险升高。

简言之，LXG项目招投标过程中，未按照招投标流程执行，招投标文件编制不全，招标量清单与实际不符，故内审人员应重点关注招投标程序和文件。

13.2.4 LXG项目施工阶段

结合实地调研访谈中所涉及的重要问题，施工阶段审计时，以下方面存在较高的审计风险。

（1）隐蔽工程存在质量问题。旧村改造项目中，隐蔽工程较多，或多或少存在质量问题，如顶棚的吊顶龙骨已经变形，四周水平差已经超过5毫米，吊顶的吊灯重量也超过3千克，超过安全范围，直接悬挂在了吊顶龙骨上，没有单独设置吊钩。水库项目中，压力钢管安装情况如表13-9所示，中平段累计安装1#为113节，2#为111节，累计长度是否属实，需内审人员实地测量。上述项目若存在问题可能源于相关负责人的主观判断，要求减少材料使用，甚至以次充好，若是合同金额没有改变，那么该负责人可能想从中获利，也可能是为达到建设LXG项目的利润率要求。工程质量合规性会对资金使用效率和效果产生影响，内审人员应该重视隐蔽工程导致的审计风险。

表13-9 水库项目压力钢管安装情况

高压管道部分	高压管号数	管道总长/米	累计安装数/节	累计安装长度/米
中平段	1#	1 051.871	113	339
	2#	1 051.871	111	333
支管段	1#	55.782	12	25
	2#	51.582	10	21

续表

高压管道部分	高压管号数	管道总长/米	累计安装数/节	累计安装长度/米
支管段	3#	55.782	12	25
	4#	51.582	10	21

资料来源：根据访谈资料整理

（2）针对现场变更签证，内审人员及时进行计量核价，在施工阶段未出现重大工程变更项目。2017 年 3 月至 2019 年 9 月，共发生变更近 50 项，但是并没有重大工程变更项目，变更项目增加投资约为 379 万元。对此，内审人员应进一步审核其真实性，如果存在重大变更项目，会导致 LXG 项目质量难以保证，甚至原先签订的施工合同都要进行重新签订，那么项目施工进度将遭到严重影响，而且会造成项目资金的严重浪费。询问相关责任人具体变更情况，并未发现存在重大变更项目。

（3）施工单位申请不合理索赔。地质条件的变化，TC 公司及设计单位提出的变更，TC 公司未按合同履行义务等都会导致索赔事件产生。在索赔事项审计中，合同条款是内审人员审查的主要根据。内审人员对施工合同进行审查时，要及时、全面、准确地识别疑点。针对合同中不完善的方面提出意见和建议，便于施工合同得以完善，防止施工单位和 TC 公司存在意见分歧。具体费用索赔事项如下。第一，在生态景观修复项目建设中，其土方工程约 27 万立方米，挖土最深处达23.5米，再加上外部环保、扬尘等各部门的要求，土方项目必然成为施工单位索赔的重点，施工单位进场后就土方项目提出约 10 条索赔意见。第二，在水库建造时，由于项目所在地区水量蒸发较快，每日蒸发量存在差异导致施工单位的工作量不同，施工单位为此同 TC 公司发生纠纷。第三，在有机粮食种植过程中，土壤营养元素流失严重，牲畜排泄物中富含此类元素，TC 公司为保证农产品纯天然、无污染，要求施工单位人员去内蒙古草原托运牲畜排泄物，这导致施工单位工作量增加、工期延迟，所以施工单位要求 TC 公司赔偿。原材料不合理的增加可能会影响项目建设质量，增加项目建设成本，这可能是相关负责人通过费用索赔攫取更多个人利益的策略。对上述索赔事项的真实性、索赔金额的合理性，内审人员都需深入调查，否则，会导致项目成本增加，同时也会加大内审人员工作难度，增加审计风险。

（4）内审人员对进度款支付审计时，发现部分款项申请与合同要求的金额不同。合同对款项拨付时间和金额都进行了规定，在 LXG 项目建设的技术设备进入场地的前一个星期内，TC 公司支付进度款，占总款项的 10%。其中，施工单位申报的有机菊花项目金额近 2 167 万元，深度访谈后发现，施工单位要求支付进度款时未减去预留金，所以项目申报的数额高于正常金额，最终内审人员认为实际进度款约为 2 042 万元，有机菊花种植项目审减 125 万元，审减率虽未超过10%但偏高。这可能是施工单位提交不真实的进度款资料导致的，导出资料的系统软件有修改数据的功能，所以内审人员要亲自去系统下载进度款有关的材料；也可能是项目经理对与项目有关的实物状况、合同内容等不熟悉造成的，在对有关资料进行检查时，没有关注资产是否真实、费用支出是否合理等，导致审减率偏高。

此外，进度款拨付的合理性也要审查。例如，"互联网+"创新展示平台中的各个项目建设所需资金是否合理，金额如表13-10所示。内审人员应审查绿化金额占比高达42.11%的合理性，变压器350 000元/米^2、景观小品50 000元/米^{2}的真实性，并与市场价格进行比对，道路4 000平方米是否达标等都要实地考察、计算。内审人员应依据施工进度，确定项目进度款，就进度付款分配情况提出改进建议。如果对进度款支付不严格把控，将产生超额支付风险，增加项目投资成本。同时，内审人员应重点关注实际进度与计划进度偏差，该偏差还会对工期及工程造价造成较大影响，审计风险也会进一步增加。

表13-10 "互联网+"创新展示平台投资估算明细表

项目名称	建筑面积/米^2	造价/（元/米^2）	投资金额/万元
主体	1 500	2 400	360
道路	4 000	150	60
绿化	1 600	5 000	800
景观小品	122	50 000	610
变压器	2	350 000	70
合计	7 224	—	1 900

资料来源：根据LXG项目可行性研究报告整理

简言之，LXG项目施工阶段，隐蔽工程质量存在严重问题，费用索赔事项较多，施工单位申请的款项支付不合理。上述风险点需重点关注，LXG项目虽然不存在重大风险变更，但是项目变更数量较多，因此，内审人员也应关注。

13.2.5 LXG项目竣工阶段

LXG项目还未全面建成，根据访谈结果可知，在建工程、资金管理都存在一定问题，会导致竣工阶段审计风险升高，截至2019年9月底，账面"在建工程"余额为35 245万元（不包含筹集资金利息资本化金额）。经审核计算，2019年9月底，利息资本化金额为3 286万元。

1. 项目入账情况

TC公司根据项目于2019年8月31日相应凭证对有机农业种植项目进行记

账，金额25 236万元；2019年8月31日相应凭证对农业加工项目进行记账，金额9 204万元；2019年9月30日相应凭证对生态景观修复工程、园区旧村改造项目进行记账，金额2 485万元；2019年9月30日相应凭证对市政设施工程及“互联网+”创新展示平台项目记账，金额22 684万元。以上项目相关的财务资料不齐全，金额是否真实合理尚待确认。材料的缺失会导致账面金额与最终结算金额不一致，合同金额与结算金额存在较大差距，会导致资产入账价值难以准确测算，加大内审人员工作难度，从而导致审计风险增加。

2. 在建工程未及时结转

截至2019年9月30日，有机农业种植区项目、农产品加工区项目及基础设施工程建设项目已实现交付使用，TC公司账面核算仍是在建工程科目，没有按照《企业会计准则》中在建工程核算规定已达到预定可使用状态的建造固定资产，无论是否交付使用，无论是否办理竣工决算，都应确认为固定资产的要求进行核算①。造成该现象的原因有TC公司财务人员对会计制度理解不深刻，对在建工程结转时点不明确；LXG项目的建设管理流程不合规，导致验收材料不齐全进而导致在建工程不能及时结转；TC公司为完成利润考核的指标而故意控制在建工程变为固定资产的时点。上述原因都是潜在审计风险点。

3. 专项资金使用混乱

LXG项目第一阶段竣工时，部分项目竣工验收时间比合同签订时间还要早，在竣工验收时间后发生的专项资金支出，被TC公司计入已完工项目建设成本核算，这可能是TC公司专项账户不齐全造成的，进而导致专项资金的使用较为混乱、专项资金使用效率降低，出现资金侵占、浪费的现象，造成内审人员审计难度加大。由此可知，资金使用情况自始至终是内审人员需要重点关注的风险点。

简言之，LXG项目一期工程竣工阶段，项目入账材料不全，在建工程未及时结转，专项资金使用混乱，所以，资金管理是竣工阶段的审计重点。

13.3　LXG项目跟踪审计的风险评估

在识别出的风险点基础上，进一步运用风险导向乡村振兴项目跟踪审计模式

① 原文为“自行建造固定资产的成本，由建造该项资产达到预定可使用状态前所发生的必要支出构成”。

进行风险评估。

13.3.1 确定风险点分布

根据风险分类（分为被审计对象风险、审计主体风险和审计环境风险），确定风险分布。

1. 被审计对象风险

被审计对象风险主要是 LXG 项目跟踪审计各阶段存在的单独风险，该类风险已经识别，此处不再赘述。

除此之外，LXG 项目整个建设阶段都可能涉及内部控制风险、合同执行风险及材料价格风险。对于内部控制风险，TC 公司成立时间不长，内部控制制度还处于一个不完善的状态，因此，内部控制存在一定风险。对于合同风险，在招投标阶段和施工阶段都存在合同问题，因此，合同问题也是内审人员应关注的风险点。对于材料价格，根据访谈结果可知，LXG 项目建设过程中，目前还没有因材料价格造成损失。2019 年，该市普通钢材——螺纹钢三种规格价格变动如图 13-6 所示，以Φ10 毫米规格的螺纹钢为例，2019 年 1 月，单价为 4 230 元/吨，12 月下降至 3 880 元/吨，基本在正常范围内波动。

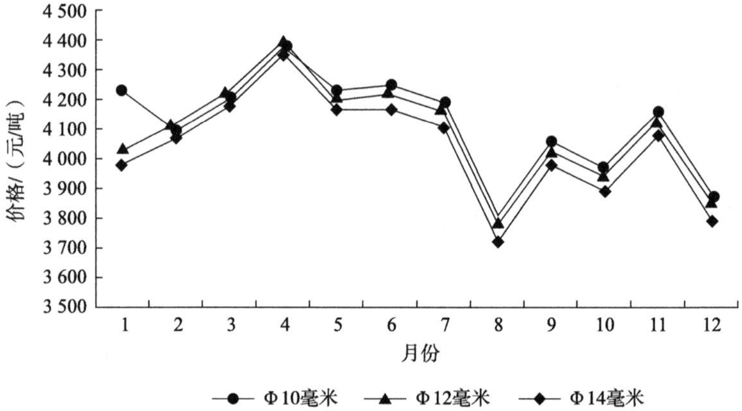

图 13-6 2019 年 T 市螺纹钢单位价格波动情况

资料来源：数据根据 T 市钢铁日行情整理

2. 审计主体风险

除了上述被审计对象自身风险，还要考虑审计主体风险。尽管 TC 公司邀请第三方审计机构进行联合审计，合理分配任务量，但内审人员缺乏实践经验，而且内审人员独立性极易受到影响，所以审计人员风险对 LXG 项目影响较强。

3. 审计环境风险

目前，国内政治经济环境较为稳定，国家多项政策鼓励并支持 LXG 项目的发展，同时，相比于政府政策法规，LXG 项目内部控制有效性对项目建设质量和资金使用情况的影响更为直接、明显，所以由审计环境导致的 LXG 项目跟踪审计风险较弱。

13.3.2　风险评估结果

依据风险导向乡村振兴项目跟踪审计模式，结合专家建议，对已确定的 LXG 项目风险点进行调整，设计 LXG 项目风险矩阵模型，将专家打分表发放给审计局、具有相关业务经验的高校教授、注册会计师。针对 LXG 项目，笔者邀请了 8 位专家进行打分（由于条件有限，不能准确评估每个专家的专业水平，故不对专家水平进行区分，采用平均值计算），专家的信息如表 13-11 所示，并对评分结果进行汇总，如表 13-12 所示。

表 13-11　LXG 项目跟踪审计风险评估专家组成员情况

专家	专家行业	专业领域	职称
1	会计师事务所	计算机	高级会计师
2	高校	审计	教授
3	会计师事务所	建筑	高级工程师
4	高校	审计	教授
5	会计师事务所	会计	会计师
6	审计局	审计	高级会计师
7	会计师事务所	经济	高级审计师
8	审计局	审计	高级审计师

表 13-12　LXG 项目跟踪审计风险矩阵模型

风险因素	风险影响值	风险影响	风险概率	风险级别
决策流程的完整性	1	可忽略	10%	低
设计方案的合理性	3	中度	50%	中
招投标文件、程序	5	关键	80%	高
工程设计变更	4	严重	60%	中
工程款索赔	4	中度	70%	中
预付款支付	4	中度	50%	中
隐蔽工程	4	严重	90%	中
资金管理情况	5	关键	90%	高
内部控制有效性	4	严重	60%	中

续表

风险因素	风险影响值	风险影响	风险概率	风险级别
材料价格	1	可忽略	20%	低
合同执行	3	中度	40%	中
内审人员职业能力	4	中度	60%	中
内审人员分配情况	2	微小	40%	低
内审人员独立性	3	中度	70%	中
经济政治环境	1	可忽略	10%	低
法律依据	2	微小	30%	低

根据上述计算结果不难得出以下结论：招投标文件、程序及资金管理情况的风险等级评估为“高”，表示这两个风险因素的影响力非常强。设计方案的合理性、工程款索赔、预付款支付、工程设计变更、隐蔽工程、内部控制有效性、合同执行、内审人员独立性及内审人员职业能力的风险等级评估为“中”，表示风险因素的影响程度较强。决策流程的完整性、材料价格、内审人员分配情况、经济政治环境及法律依据的风险等级评估为“低”，表示这些风险因素的影响程度较弱。

风险评估结果对识别出的风险点确定了风险等级，后文将针对风险较高的点提出应对措施。招投标文件、程序及资金管理情况是 LXG 项目建设的关键因素，如果不能有效管控，整个项目建设质量将无法得到保障。由于在项目开工前 TC 公司人员存在较大调动，所以内部控制有效性也成为风险高的因素。此外，由于 LXG 项目建设的复杂性，施工过程中，工程款索赔及隐蔽工程也存在较高风险，施工过程中的工程设计变更、预付款支付以及合同执行情况，同样需要内审人员进行深入检查。

针对审计主体风险和审计环境风险而言，内审人员独立性及职业能力情况的风险因素也较高，内审人员独立性是建设项目跟踪审计的一个普遍风险点，项目取得批复后，内审人员开始介入竣工验收，历时约两年时间，内审人员不断与不同单位进行业务上的交流，内审人员的独立性难以保证。

13.4 LXG 项目跟踪审计的风险应对

13.4.1 设计阶段

设计概预算是否合理对项目建设后期影响较大，在设计阶段需要关注的风险包括概预算内容的真实性，概预算计量、计价的正确性，内审人员应将其与批准的估算比对，以防相关负责人为获取个人利益而高估预算，设计单位应向内审人员提供设计概预算书、工程量计算书及限额设计表。同时，将不同设计方案进行对比，分析各自优劣势，根据技术类的经济指标深入判断、分析，结合现有的设计概预算文件，分析如何使方案进一步优化，概预算方案的精度及深度都尽可能实现最优，这样可以大大降低 LXG 项目设计阶段的审计风险。

13.4.2 招投标阶段

首先，重点关注招标文件、程序。在招标文件发出之前，内审人员应明确招标范围，审查投标人是否真实存在，深入分析合同中的特殊规定，以保证合同的相关规定符合 LXG 项目的建设需求。对于中标单位，内审人员应按照招标文件的相关规定、招投标程序，严格审查其与 TC 公司签订合同的流程，如果不符合相关规定，招投标办公室应拒绝给予合同备案。内审人员应检查招投标阶段是否存在补办手续行为，分析中标单位的施工资格，并辨别合同金额的真实性。

其次，工程量清单及预算控制价的编制情况也要关注。内审人员应以招标图纸为审查依据，检查工程量清单并分析预算控制价的合理性，审查的重点主要包含工程量的真实性、综合报价的合理性、投标人的资质条件等内容。还要关注是否存在高估冒算现象，工程量清单是否完整，暂估价占总价比例是否过高等情况。对于资金占比较高的材料及设备，如“互联网+”创新展示平台中涉及的景观小品 50 000 元/米^2，变压器 350 000 元/米^2，可以参考同类市场中三家同等档次品牌产品，将对应价格列入招标文件。

13.4.3 施工阶段

内审人员应该多次进入现场审查，通过观察、询问、测算，对 LXG 项目施工进度、项目质量等情况深入了解并分析。针对 LXG 项目建设召开的有关会议，内审人员也需要积极参加。简言之，内审人员应该及时并且全面地分析项目的所有情况。同时，针对审计时所发现的疑点，应该全面、深入地分析，思考出现该问题的根源并且反馈给对应项目所负责的管理部门，说明问题所在并提出整改意见。

内审人员在 LXG 项目施工阶段重点审计内容较多，根据风险影响程度和风险发生程度综合判定，施工阶段风险点应对措施如下。首先，隐蔽工程，为防止施工单位偷工减料的行为，内审人员应关注材料品牌、型号以及价格是否与设计概预算相符，对工程量重新进行计算并制定预算。其次，费用索赔，内审人员应以《中华人民共和国经济合同法》《中华人民共和国建筑法》《建筑安装工程承包合同》为依据，审查索赔内容是否真实，与索赔相关材料和合同文件是否缺漏，索赔手续是否完整，以保证对应项目费用计价的合理性。此外，也要着重关注 LXG 项目施工阶段的潜在索赔事项，及时预防索赔事项的发生。内审人员应依据具体索赔事项，审查跟踪日记、施工记录、往来文件、会议文案、实地照片等索赔证据。确认索赔事项是否是由不可抗力因素导致的，项目成本增加或延期是否真实可靠，这样才能对 LXG 项目施工进度、项目建设质量及资金使用效率实现严格管控。再次，工程设计变更，内审人员应重点审计变更的合理性、变更流程的合理性及变更对 LXG 项目造价是否产生影响。最后，进度款支付，内审人员应审查项目施工进展及工程监理状况，清点乡村振兴项目管理部门审核的项目价款结算清单，分析 LXG 项目资金分配情况。

13.4.4 竣工阶段

首先，内审人员应该重点关注资金管理状况，专项资金使用风险较高，TC 公司应建立专项资金账户，避免专项资金使用混乱。内审人员依规检查资金使用是否合理以及是否落实到位，资金管理人员是否实现职责分离，如授权与审批是否分离、收入与支出是否分离。LXG 项目中，有机菊花、有机粮食特色种植项目投资约 11 746 万元，有机中草药特色种植区约 23 653 万元，市政设施工程约 23 000 万元，针对此类资金额度大的项目，内审人员应高度关注资金流向、使用效率。此外，内审人员应将验收报告金额与预算金额进行比对分析，判断报告中涉及项目是否真实，是否存在项目虚构等违法行为。此外，在建工程应及时结转固定资产，杜绝虚增项目利润行为。

其次，结算环节资料的审核至关重要。乡村振兴项目只有收到四方竣工验收单，才能进入竣工结算。施工单位提供的结算资料在经过监理单位和 TC 公司审核完成后，方可交予内审人员进行审查。对于审核完成的结算资料，内审人员应该检查施工单位竣工图章是否加盖在竣工图纸上，TC 公司及监理单位是否签字盖章。如果内审人员负责结算审核，内审人员应该在 TC 公司指定的地点进行结算审计。完成结算审核后，应该由 TC 公司、施工单位、内审部门及第三方审计机构共同在项目结算定案表上签字盖章，工程结算审核期限应该符合政府相关规定。

最后，内部控制风险对 LXG 建设整个阶段都存在影响。内审人员需对内部控制制度深入审查和测试，保证内部控制制度行之有效。内部控制存在缺陷时，内审人员应该积极辅助 TC 公司改进、优化内部控制制度，关注重点环节，明确授权程度，同时保证内部控制制度科学运转。此外，基建规章制度也应得到保障，关键在于将制度落到实处。

除上述被审计对象风险外，内审人员自身职业能力及独立性也会对 LXG 项目建设质量产生影响。在特定时点上，其危害不亚于被审对象自身产生的风险，因此，亟须引起关注。TC 公司应该采用多元化培训、管理模式对内审人员进行培养，不能仅仅局限于现有审计案例。同时，还需对内审人员实施计算机技术等现代信息技术培训，TC 公司内部控制、风险管理模式应进一步升级优化，内部审计技术与方法也需拓展创新，这样才便于内审人员自身职业能力提升。此外，在跟踪审计初期，以会议和书面等方式，明确 TC 公司与参与 LXG 项目建设单位的职责，做到各司其职。跟踪审计虽具备持续性的特点，但是每个阶段的审计工作都是以参与建设单位工作完成的文件资料为审核依据，内审人员意见的发表应在收到文件后，这样能有效预防内审人员越位，降低审计风险。

13.5 本章小结

本章为案例调查，对 LXG 项目进行深度调研，运用风险导向跟踪审计模式识别判断 LXG 项目跟踪审计风险分布，评估 LXG 项目跟踪审计风险等级，并根据识别与评估的结果提出风险应对措施。研究发现，LXG 项目在建设过程中，招投标文件、招投标程序、资金管理等方面都存在较高风险，笔者对风险较高的点提出了应对措施，以供发展模式类似的乡村振兴项目借鉴，其他项目在具体执行时可做一定调整。根据 LXG 项目对该审计模式的运用情况，可以确定，基于风险导向的乡村振兴项目跟踪审计模式可以识别出风险分布和高风险的关键风险点，提出有针对性的应对措施。

第 14 章　本篇研究结论与建议

14.1　主 要 结 论

本篇从企业内部审计角度出发，首先，对风险导向的乡村振兴项目跟踪审计相关的理论研究成果进行梳理，发现基于风险导向的乡村振兴项目跟踪审计研究相对较少，为乡村振兴项目构建有效的审计模式可以保证乡村振兴项目的经济效益、社会效益。其次，从理论角度分析风险导向的乡村振兴项目跟踪审计，阐述了乡村振兴项目发展模式、融资渠道的多样化以及所处环境的不稳定性导致其建设过程存在较多风险，所以要实施风险导向审计。同时，鉴于乡村振兴项目的特殊性，应实施跟踪审计，乡村振兴项目需要风险导向审计和跟踪审计的有机契合。再次，基于理论分析，为乡村振兴项目构建风险导向跟踪审计模式，主要流程为风险识别、风险评估及风险应对。其中，风险识别要先分析审计环境，识别风险分布情况，风险评估主要采用风险矩阵法和专家打分法，确定高风险领域并提出风险应对措施。最后，根据 LXG 项目深度访谈资料，运用风险导向的乡村振兴项目跟踪审计模式，识别 LXG 项目跟踪审计风险分布，评估确定 LXG 项目风险等级，并针对较高的风险点，提出风险应对措施，为其他同类发展模式的乡村振兴项目审计提供实质性指导。

简言之，风险导向的乡村振兴项目跟踪审计模式基本可靠，可以规范企业建设管理乡村振兴项目的工作，提高内审人员工作效率，提升乡村振兴项目落地率，最终实现由项目振兴推动乡村全面振兴的目标，为全面建成小康社会保驾护航。

14.2　改 进 建 议

根据风险导向乡村振兴项目跟踪审计的研究结果，提出如下改进建议。

14.2.1　有效分配审计资源，全面助力乡村振兴

为了促进风险导向的乡村振兴项目跟踪审计有效运用，提升审计效率、质量，应对乡村振兴项目跟踪审计资源进行高效配置，具体从以下四个方面着手。

首先，借助外力提升审计资源质量。投资企业内审部门除组织人员进行专业培训外，还应邀请优秀审计骨干向单位内审人员传授乡村建设项目跟踪审计经验，必要时将审计经验编纂成册，在单位内部作为学习资料广泛传阅。内审部门不仅可以和第三方审计机构合作交流，还可以聘请专家定期或不定期探讨振兴项目跟踪审计思路。

其次，采用联合审计方式，分摊审计工作量。振兴项目的质量监管不仅是单位内审部门的工作，还可以邀请专家及第三方审计机构与其共同开展跟踪审计，即审计工作量可以有效分配给外部人员。

再次，完善公司奖励机制。内审部门依据公司的相关制度规定，制定绩效考核机制以辅助审计资源的高效分配。除了需要编写乡村振兴项目审计工作底稿之外，还应用业绩奖励调动其积极性，激励内审人员深入学习工程项目、农业、法律等知识，根据内审人员的业绩分配审计任务。LXG 项目的有机粮食、有机菊花产量及其施肥等情况都需要有一定的农业知识，应根据内审人员的专业知识分配审计任务。

最后，将跟踪审计进行到底。众多内审人员认为在项目结束后，跟踪审计就应该停止。因此，审计的整改效果在不经意间被忽视，审计建议是否被有效落实不可知，最终的跟踪审计结果需内审人员复核，重点关注审计失误、评价不公允的问题，所以审计资源需要分配至此，以此来提升乡村振兴项目的审计质量和审计效果，促进乡村振兴项目持续助力乡村振兴。

14.2.2　提升风险识别水平，完善公司风险管理

时下，鉴于不同地域的乡村振兴项目差异明显，发展模式、融资渠道呈现多样化，建设环境处于不稳定状态，在识别乡村振兴项目的建设风险时，要因地制宜，这样才能实现项目管理的专业化、针对性。为最大化发挥风险导向跟踪审计在乡村振兴项目建设中的作用，内审人员还要对风险导向审计模式进行优化，尤其是风险识别水平。具体而言，首先，无论是高管还是内审人员，都应树立风险意识。内审人员要意识到风险管理在乡村振兴项目审计中的地位，这是增强识别风险能力的前提，也是提升审计质量、降低项目成本的保障。其次，内部审计人员应以风险导向审计、跟踪审计理论为指引，以分析风险为切入点，准确识别企业内外部经营现状、行业环境、经营战略、业务操作、内部控制等一系列可能导

致乡村振兴项目建设风险的因素。再次，要对乡村振兴项目的类型进行清晰、全面的划分，对各类项目的审计风险进行细化，以此扩大识别审计风险的范围。最后，列出审计所需的资料清单，检查并评价乡村振兴项目建设相关的所有资料，识别不同活动的风险级别，根据风险级别配备不同的审计资源，有助于内审人员有效识别并处理建设过程面临的风险，便于阻止单位某些部门挪用公款，获取个人利益的行为。

对于负责乡村振兴项目的投资公司，要在公司原有组织架构的基础上，成立完整的风险管理职能机构。具体来说，公司应以COSO框架为指引，构建以“总经理—风险管理团队—职能部门—振兴项目建设单位”为主要流程的风险管理模式，服务于乡村振兴项目，对每个振兴项目潜在的风险进行有效识别。风险管理团队负责公司的风险管理体系建设时，首先，应明确公司风险管理整体目的；其次，构建公司风险管理制度以及乡村振兴项目建设规范；再次，建立并完善公司风险预防、监督控制制度，对监督控制的情况予以检查；最后，引进信息化风险管理系统，将其应用于乡村振兴项目跟踪审计，推动公司的风险管理水平向专业化方向推进，使得公司的风险管理职能趋向规范化、全面化、制度化。

14.2.3 改进风险评估方法，提升跟踪审计质量

对风险进行事前控制是COSO风险管理理论的核心，收集不同利益关联方的信息，分析风险。内审人员根据过往的风险识别经验，对振兴项目建设各阶段存在的风险因素进行识别分析，并对高风险阶段实时监控。将计算机技术与风险评估方法相结合，构建风险评价指标体系，提升风险评估的权威性、科学性。积极采用大数据审计，大数据具有存储和分析数据的功能，其容量大、计算速度快，可以快速、高效分析乡村振兴项目相关数据，评估乡村振兴项目将面临的风险及严重程度。目前针对乡村振兴项目跟踪审计过程中存在的风险多从宏观角度分析，缺乏深度。在审计广度确定的条件下，大数据技术可以精确风险等级，加深审计程度，以发现乡村振兴项目微观角度的问题，从而实现审计质量的提升。

跟踪审计质量的提升应该以跟踪审计制度为支撑，所以公司应该完善跟踪审计制度。高管等有关人员根据跟踪审计的实战经验并结合当地实际情况，制定一些具有地方特点的跟踪审计规章制度，能够促进内审人员有效分析审计环境，识别审计风险，实施审计程序，评估审计风险。公司在制定符合本单位发展的乡村振兴项目跟踪审计制度时，应该以全国性的法律法规政策为参照，这样内审人员能够有效识别、评估并应对乡村振兴项目建设各阶段的审计风险。跟踪审计规章制度的制定，应该具有较强的可操作性和可行性，以供内审人员在制定审计流程时参考。此外，制度还要伴随着实践应用而不断修正与完善，并定期审查执行的

合理性，保证审计程序执行到位。

细化审计质量标准，将跟踪审计质量评价标准作为内审人员主要参考标准，根据细化的标准，内审人员对乡村振兴项目审计最终结果打分，并提出审计结论，发表审计意见。在 LXG 项目审计中，内审人员对造价控制过分关注，忽视了招投标流程、项目质量及资金管理等层面的收益性，因此，以跟踪审计质量评价标准作为内审人员执行标准，TC 公司应尽快细化、完善。在制定标准时，首先，以《中华人民共和国建筑法》等相关法律条文规定的建筑质量标准为参考依据，构建跟踪审计质量标准体系，严格执行建筑行业的有关标准。其次，对内审人员的工作重心进一步修正，从全局的角度出发，审视乡村振兴项目，识别风险。根据 LXG 项目审计的风险评估结果可知，招投标程序、文件风险较高，该项目的招投标流程、合同都不够规范，所以此类项目的招投标审计要重点关注。最后，公司内部可采用 KPI 绩效评价体系，对内审人员审计工作成果进行二次鉴定，对其工作质量进行再次核定，审计薪酬可参考再次核定的结果。简言之，在审计技术层面，改良风险评估方法；在审计标准层面，细化跟踪审计质量相关要求。

14.2.4　培养复合型内审人员，监督乡村振兴项目

乡村振兴项目跟踪审计存在两个难题：其一，乡村振兴项目跟踪审计不仅涉及财务知识，还涉及经济、工程建设、法律等知识，公司普遍缺乏能对乡村振兴项目的设计、管控、预测、评估进行审计的复合型人才。其二，跟踪审计工作周期长，工作强度大，对部分重大事项难免有所疏忽，漏审、错审频率也较高。内审人员的职业素质、专业水平及道德素养都会影响乡村振兴项目的审计质量。所以，为了乡村振兴项目发展壮大，这些公司应采取以下措施。首先，每年至少组织一次针对内审人员的专业技能培训，这样内审人员在面临融资渠道复杂、环境不稳定的乡村振兴项目时，能有效识别项目的风险。同时，内审人员要注重理论与实践相结合，及时关注行业动态及与之相关的新知识，积极参与技术水平高、性质不一、时点不一、涉足广泛的振兴项目跟踪审计。以 LXG 项目为例，如果内审人员不熟悉土质营养元素变动和水库水量蒸发规律，可能导致审计风险、项目建设成本上升。其次，公司应及时更新审计技术，按时组织内审人员学习现代审计技术，保证其熟练掌握现代审计技术，这样便于快捷高效地审计复杂的振兴项目有关资料。此外，还能提高实际考察效率，以有机菊花项目为例，菊花产量不能通过人工方式观测，应依靠现代技术。最后，对内审人员职业素养展开教育，根据审计职业道德规定，约束内审人员的审计行为，以保证内审人员对自身的职责有效履行，客观求实、公开公正地依法对乡村振兴项目进行审计，发现项

目建设内部和外部风险，提升乡村振兴项目的建设质量。

综上所述，只有将风险导向审计模式和跟踪审计方式共同推进，才能提升审计质量、审计效率，控制项目成本，规范项目建设过程，进而不断提升乡村振兴项目的落地率，使审计工作推动乡村振兴战略实施，以实现中国乡村的全面振兴。

14.3 研究不足与展望

14.3.1 研究不足

本篇的研究不足主要体现在以下三个方面。

第一，当前学术界针对乡村振兴项目风险管理以及具体采用何种审计方法的研究不多，而且乡村振兴项目是乡村振兴背景下的新事物，所以本篇可以参考的理论基础及实践经验都存在一定的局限性，而且多数企业避讳揭露管理问题，导致研究深度有所欠缺。

第二，本篇重点研究的是新经济发展模式的产业振兴项目，但由于每个项目所处的自然环境有所差异，融资渠道多样化，项目建设方既可能是企业，也可能是政府，这会导致其风险来源和风险种类都有所不同，所以，风险导向跟踪审计模式的具体实施方案也会有所不同，需要深入探析。

第三，本篇采用的风险导向跟踪审计模式对乡村振兴项目实施风险评估过程中，虽然也采用了定量分析方法，但更多采用的是定性分析，所以，风险等级衡量的精确度有待进一步深入研究。

14.3.2 未来展望

本篇的研究展望主要有以下两个方面。

第一，本篇针对乡村振兴项目提出的风险导向跟踪审计模式及实地调查结果，丰富了乡村振兴项目审计的理论研究，积累了大量的实践经验。随着乡村振兴项目的兴起，该模式将得到进一步改进与完善。如果能够为基于风险导向的乡村振兴项目跟踪审计模式设计更为精确的风险评价方法，将进一步提升其理论研究和实践应用价值。

第二，本篇提出的风险导向跟踪审计模式主要是针对产业振兴项目。鉴于乡村振兴项目种类繁多，不同的项目各有其自身特点，如果能对该模式不断完善，结合项目特点提升其可操作性，并应用于乡村振兴项目实践，将更加可靠有效地识别乡村振兴项目在决策、设计、招投标、施工及竣工决算过程中存在的风险，可以有效避免风险，或减少风险事件造成的损失，并提升审计质量，提高项目建设质量，提高乡村振兴项目落地率。

参 考 文 献

[1] Ricardo D. On the Principles of Political Economy, and Taxation. Cambridge: Cambridge University Press, 2015.

[2] Johnson E A. The Organization of Space in Developing Countries. Cambridge: Harvard University Press, 1970.

[3] 韩俊. 以习近平总书记“三农”思想为根本遵循实施好乡村振兴战略. 管理世界，2018，（8）：1-10.

[4] 刘合光. 乡村振兴战略的关键点、发展路径与风险规避. 新疆师范大学学报（哲学社会科学版），2018，（3）：25-33.

[5] 罗必良. 明确发展思路，实施乡村振兴战略. 南方经济，2017，（10）：8-11.

[6] 邸焕双，王玉英. 互联网背景下农村文化信息资源共享工程建设研究. 情报科学，2019，（10）：102-107.

[7] 斯密 A. 国民财富的性质和原因的研究. 郭大力，王亚南译. 北京：商务印书馆，1972.

[8] 闫坤，鲍曙光. 财政支持乡村振兴战略的思考及实施路径. 财经问题研究，2019，（3）：90-97.

[9] 廖彩荣，郭如良，尹琴，等. 协同推进脱贫攻坚与乡村振兴：保障措施与实施路径. 农林经济管理学报，2019，（2）：273-282.

[10] 农业部课题组. 中国特色乡村产业发展的重点任务及实现路径. 求索，2018，（2）：51-58.

[11] 谌立平，贾金荣. 论现代农业投融资机制的创新. 江西社会科学，2010，（6）：75-78.

[12] 舒尔茨 T W. 改造传统农业. 梁小民译. 北京：商务印书馆，2009.

[13] Hu F, Antle J M. Agricultural policy and productivity: international evidence. Review of Agricultural Economics, 1993, 15（3）: 495-505.

[14] Coleman M. The road ahead for funding city infrastructure needs. Western City, 2007, 83（11）: 12-19.

[15] 李楚鸿，周波. 田园综合体与乡村发展关系研究——以四川省成都市为例. 中国农业资源与区划，2019，（6）：164-169.

[16] 杨林，王璐. 乡村振兴战略视域下农村土地经营权抵押融资利益相关者的博弈与平衡. 宁夏社会科学，2018，（3）：77-85.

[17] 彭艳玲，孔荣，Turvey C G. 农村土地经营权抵押、流动性约束与农户差异性创业选择研究——基于陕、甘、豫、鲁 1465 份入户调查数据. 农业技术经济，2016，（5）：50-59.

[18] Fowowe B，Abidoye B. The effect of financial development on poverty and inequality in African countries. The Manchester School，2013，81（4）：562-585.

[19] Newburn D A，Berck P. Modeling suburban and rural-residential development beyond the urban fringe. Land Economics，2006，82（4）：481-499.

[20] 张林，温涛. 农村金融发展的现实困境、模式创新与政策协同 基于产业融合视角. 财经问题研究，2019，（2）：53-62.

[21] 农发行内蒙古分行课题组. 创新服务乡村振兴战略融资模式. 农业发展与金融，2018，（8）：41-43.

[22] 杜婕，万宣辰. 构建我国多层次农村金融体系的路径选择. 东北师大学报（哲学社会科学版），2016，（3）：61-66.

[23] 董翀. 乡村振兴投融资保障机制研究. 中国延安干部学院学报，2019，12（4）：119-127.

[24] 姬超. 城乡结构演变视阈下的乡村治理体系优化研究. 农业经济问题，2018，（8）：82-90.

[25] 黄寿峰. 财政支农、金融支农促进了农民增收吗？——基于空间面板分位数模型的研究. 财政研究，2016，（8）：78-90.

[26] Burgess R，Pande R. Do rural banks matter? Evidence from the Indian Social Banking experiment. The American Economic Review，2005，95（3）：780-795.

[27] Jeanneney S G，Kpodar K. Financial development and poverty reduction：can there be a benefit without a cost? Journal of Development Studies，2011，47（1）：143-163.

[28] Ho S Y，Odhimbo N M. Finance and poverty reduction in China ：an empirical investigation. International Business & Economics Research Journal，2011，10（8）：103-113.

[29] Eyraud L，Clements B，Wane A. Green investment：trends and determinants. Energy Policy，2013，60：852-865.

[30] 姜长云. 科学理解推进乡村振兴的重大战略导向. 管理世界，2018，（4）：17-24.

[31] Timothy B. Property rights and investment incentives：theory and evidence from Ghana. Journal of Political Economy，1995，103（5）：903-937.

[32] 王海娟，胡守庚. 农地制度变革与动员式治理的困境. 中共福建省委党校学报，2019，（5）：124-130.

[33] 张强，张怀超，刘占芳. 乡村振兴：从衰落走向复兴的战略选择. 经济与管理研究，2018，（1）：6-11.

[34] 张林，温涛. 财政金融服务协同与农村产业融合发展. 金融经济学研究，2019，（5）：

53-67.
[35] 杨世伟. 绿色金融支持乡村振兴：内在逻辑、现实境遇与实践理路. 农业经济与管理，2019，（5）：16-24.
[36] 刘守英. 新一轮农村改革样本：黔省三地例证. 改革，2017，（8）：16-25.
[37] 张福秀. 农业综合开发投融资路径探讨. 现代经济信息，2019，（4）：402.
[38] 白永秀. 市场在资源配置中的决定性：计划与市场关系述论. 改革，2013，（11）：5-16.
[39] 张卓元. 中国经济四十年市场化改革的回顾. 经济与管理研究，2018，（3）：3-15.
[40] 谢瑞其. 社会主义新农村建设中的投融资机制创新研究. 湖南农业大学博士学位论文，2008.
[41] 戴天柱. 投融资中的动态博弈分析. 财经论丛（浙江财经学院学报），2003，（2）：43-48.
[42] 申云，李京蓉，吴平. 乡村振兴战略下新型农业经营主体融资增信机制研究. 农村经济，2019，（7）：135-144.
[43] 马学琳，夏李莹，应望江. 普惠金融视角下农民金融投资的选择问题研究——基于“千村调查”项目数据分析. 农业技术经济，2018，（11）：80-91.
[44] 孙同全. 从制度变迁的多重逻辑看农民资金互助监管的困境与出路. 中国农村经济，2018，（4）：41-50.
[45] 李松有. “结构-关系-主体”视角下农村贫困治理有效实现路径——基于广西 15 个县 45 个行政村 878 户农民调查研究. 当代经济管理，2020，（5）：41-50.
[46] 王定祥，刘娟. 乡村振兴中现代农业基础设施投资机制与模式. 农村经济，2019，（3）：80-87.
[47] 周月书，张龙耀，李祎雯. 投融资体制创新与乡村振兴——第十二届中国农村金融发展论坛会议综述. 农业经济问题，2018，（12）：139-144.
[48] 王吉鹏，肖琴，李建平. 新型农业经营主体融资：困境、成因及对策——基于 131 个农业综合开发产业化发展贷款贴息项目的调查. 农业经济问题，2018，（2）：71-77.
[49] 唐晓旺，张翼飞. 乡村振兴战略下农村金融创新的思路与对策. 中州学刊，2018，（12）：47-52.
[50] 田剑英. 农业全产业链融资方式与完善对策——基于浙江省 55 条农业全产业链的调查与跟踪研究. 经济纵横，2018，（9）：112-121.
[51] 曾博. 乡村振兴视域下工商资本投资农业合作机制研究. 东岳论丛，2018，（6）：149-156.
[52] 王睿，周应恒. 乡村振兴战略视阈下新型农业经营主体金融扶持研究. 经济问题，2019，（3）：95-103.
[53] 丁毅. 农村基础设施 PPP 项目资产证券化的实施路径、主要问题与政策建议. 农业经济问题，2018，（10）：94-101.

[54] 陈向明. 从一个到全体——质的研究结果的推论问题. 教育研究与实验，2000，（2）：1-8，72.
[55] 陈向明. 访谈中的提问技（艺）术. 教育研究与实验，1997，（4）：48-53.
[56] 仇立平. 社会研究方法. 重庆：重庆大学出版社，2008.
[57] 蓝海涛，周振. 我国“互联网+农村经济”发展现状与政策建议. 宏观经济管理，2018，（7）：31-38，65.
[58] 王刚贞，江光辉. “农业价值链+互联网金融”的创新模式研究——以农富贷和京农贷为例. 农村经济，2017，（4）：49-55.
[59] 谷中原. 乡村振兴背景下的农村持续发展型社会组织建设. 湖湘论坛，2020，（1）：5-12.
[60] 赵晓雷. 现代公司产权理论与实务. 上海：上海财经大学出版社，1997.
[61] 张开华，丁昆. 农地经营权抵押融资问题探析. 学习与实践，2019，（3）：57-63.
[62] 甘宇. 中国农户融资能力的影响因素：融资渠道的差异. 经济与管理评论，2017，（2）：12-18.
[63] 叶兴庆. 新时代中国乡村振兴战略论纲. 改革，2018，（1）：65-73.
[64] 兰婷. 乡村振兴背景下农业面源污染多主体合作治理模式研究. 农村经济，2019，（1）：8-14.
[65] 张可心，刘科伟，程永辉，等. 乡村振兴的理论逻辑及发展重点研究——以陕西关中地区为例. 中国农业资源与区划，2019，（3）：205-210.
[66] 杨慧莲，韩旭东，李艳，等. “小、散、乱”的农村如何实现乡村振兴？——基于贵州省六盘水市舍烹村案例. 中国软科学，2018，（11）：148-162.
[67] Mclaughlin K. Infectious disease：scandal clouds China’s global vaccine ambitions. Science，2016，352（6285）：506.
[68] Gladwin C H，Long B F，Babb E M，et al. Rural entrepreneurship：one key to rural revitalization. American Journal of Agricultural Economics，1989，71（5）：1305-1314.
[69] Miletić G M，Golubić M M，Žanić M. Second home development and rural revitalization：a case study from Croatia. The XXVII European Society for Rural Sociology Congress，2017，（July）：24-27.
[70] Korsching P F，Borich T O. Rural revitalization through multicommunity collaboration：a challenge for continuing education. Continuing Higher Education Review，1996，60：3-15.
[71] Johnson T G. Entrepreneurship and development finance：keys to rural revitalization：discussion. American Journal of Agricultural Economics，1989，71（5）：1324-1326.
[72] Slee B，Farr H，Snowdon P. The economic impact of alternative types of rural tourism. Journal of Agricultural Economics，2010，48（1/3）：179-192.
[73] Kawate T. Rural revitalization and reform of rural organizations in contemporary rural Japan.

Journal of Rural Problems，2005，40（4）：393-402.
[74] 马珂琦. “文化小康”视域下新时代乡村振兴路径探析. 西北农林科技大学学报（社会科学版），2019，19（3）：18-26.
[75] 胡月，田志宏. 如何实现乡村的振兴——基于美国乡村发展政策演变的经验借鉴. 中国农村经济，2019，（3）：128-144.
[76] 戴旭宏. 田园综合体建设支持保障机制的若干思考. 农村经济，2018，（11）：30-34.
[77] 顾利民. 以“五大发展理念”引领特色小镇的培育建设. 城市发展研究，2017，（6）：18-22.
[78] 宦宸，董慧敏，魏飞. 建设田园综合体的马泉探索. 人民论坛，2018，（35）：102-103.
[79] 吕劲松，黄崑. 乡村振兴战略背景下扶贫审计创新研究. 审计研究，2018，（4）：12-17.
[80] 李涛，黄春媛. 乡村振兴战略下精准扶贫审计策略优化. 财会月刊，2019，（19）：115-118.
[81] 裴文华. 发挥审计在乡村振兴战略中的积极作用. 审计月刊，2018，（11）：1.
[82] 陆宣屹. 乡村振兴战略下农村审计问题及解决对策. 乡村科技，2019，（29）：16-17.
[83] 俞建雄. 加强农村财务审计助力乡村振兴战略研究. 当代会计，2018，（2）：63-64.
[84] 李成雷. 乡村振兴重大专项资金审计问题研究. 审计月刊，2019，（8）：7-9.
[85] Castanheira N，Rodrigues L L，Craig R. Factors associated with the adoption of risk-based internal auditing. Managerial Auditing Journal，2010，25（1）：79-98.
[86] Munteanu V，Zaharia D L. Current trends in internal audit. Procedia-Social and Behavioral Sciences，2014，116：2239-2242.
[87] 赵红卫. 哈佛大学风险管理审计的经验与启示. 审计研究，2017，（4）：106-112.
[88] 罗艳梅，程新生. 公司治理与风险管理角色冲突中的内部审计研究. 审计与经济研究，2013，（3）：35-42.
[89] 郭伟昌，刘金凤. 企业风险审计模型研究与应用. 审计研究，2008，（6）：27-33.
[90] 王晓霞，孙坤，张宜霞. 论风险导向的内部审计理论与实务——通过解读IIA2001版《内部审计实务标准》看内部审计的风险导向. 审计研究，2004，（2）：86-88.
[91] 王晓霞. 国有企业风险管理审计的责任与目标构建. 审计研究，2010，（3）：54-58.
[92] 郑小荣. 风险导向内部审计若干理论问题探讨. 审计与经济研究，2006，（1）：27-30.
[93] 白华，刘蔓葶，康林. 论风险导向审计中的“风险”定位——兼论风险管理相关内部审计准则的修订. 财贸研究，2012，（4）：149-155.
[94] Walker P L，Shenkir W G，Hunn C S. Developing risk skills：an investigation of business risks and controls at Prudential Insurance Company of America. Issues in Accounting Education，2001，16（2）：291-313.
[95] 马新彬. 我国中央银行内部审计部门风险导向审计模式研究. 审计研究，2015，（6）：108-112.

[96] 梁素萍. 内部审计视角的建设项目风险导向审计研究. 会计之友，2011，（22）：115-118.

[97] 何旭平，刘斌红. 基于 COSO-ERM 的建设项目风险导向审计模式探索. 中国内部审计，2013，（8）：54-56.

[98] 谢忠贵. 铁路建设项目风险导向审计的探讨. 铁道运输与经济，2016，（3）：8-12.

[99] 王姣，郑家喜. 目标导向的政府农田水利建设项目全生命周期风险识别. 湖北农业科学，2014，（2）：492-496.

[100] 郝云松. 对投资建设项目工程质量审计的若干思考. 审计研究，2011，（6）：26-30.

[101] Pomeranz F. Control construction costs with preemptive auditing. Power，1983，127（4）：65-67.

[102] Cangemi M P. From continuous auditing to continuous monitoring-you should be the champion. ISACA Journal，2012，（4）：4-7.

[103] Lasswell H D. The immediate future of research policy and method in political science. American Political Science Association，1951，45（1）：133-142.

[104] Umor S，Zakaria Z A，Sulaiman N A. Follow-up audit as an accountability mechanism of public sector performance auditing. International Conference on Accounting Studies（ICAS）2016，2016.

[105] 刘宇红. 浅谈如何做好工程建设项目跟踪审计工作. 工程经济，2014，（7）：36-38.

[106] Harris R P，Weller M D，Porter M J. A follow up audit of pharyngeal pouch surgery using endoscopic stapling. European Archives of Oto-Rhino-Laryngology，2010，267（6）：939-943.

[107] 曹慧明. 论建设项目跟踪效益审计. 审计研究，2005，（1）：53-57.

[108] 王立国，张莹. PPP 项目跟踪审计探讨. 审计研究，2016，（6）：30-35.

[109] 张阳，蔡祺. 政府绩效审计技术、执行和结果应用——基于“活系统理论”的分析. 南京审计大学学报，2017，（4）：93-100.

[110] 鲁心逸. 印度 PPP 基建项目审计及借鉴. 审计研究，2015，（4）：55-59.

[111] 周原. 工程项目委托审计最优激励契约研究——基于委托代理模型的分析. 武汉理工大学学报（社会科学版），2014，（5）：830-833.

[112] Nalewaik A，Mills A. Project performance audit：enhanced protocols for triple bottom line results. Procedia-Social and Behavioral Science，2015，194：134-145.

[113] Rikhardsson P，Dull R. An exploratory study of the adoption，application and impacts of continuous auditing technologies in small businesses. International Journal of Accounting Information Systems，2016，20：26-37.

[114] 谭劲松，赵黎鸣，宋顺林. 跟踪审计的“免疫防线”：体系构建与案例分析. 审计与经济研究，2013，（1）：18-25.

[115] 程光. 国家重大政策措施贯彻落实情况跟踪审计创新与发展研究. 审计研究，2018，（4）：18-23.
[116] 柴能勇. 政府规制视角下的 PPP 项目跟踪审计问题研究. 审计研究，2018，（6）：41-47.
[117] 兰海涛. 以风险和成本为导向选择跟踪审计关键节点. 会计之友，2014，（19）：61-62.
[118] 广西内部审计课题组. 建设项目风险导向审计模式的构建及应用. 中国内部审计，2011，（3）：55-57.
[119] 刘国靖，张蕾. 基于风险矩阵的商业银行信贷项目风险评估. 财经研究，2004，（2）：34-40.
[120] 阮欣，尹志逸，陈艾荣. 风险矩阵评估方法研究与工程应用综述. 同济大学学报（自然科学版），2013，（3）：381-385.
[121] 常虹，高云莉. 风险矩阵方法在工程项目风险管理中的应用. 工业技术经济，2007，（11）：134-137.
[122] 王金凤，李冬梅，张同全. 风险评估在企业中的实践及探索——基于某煤业有限公司 A 煤矿的经验. 审计研究，2012，（4）：89-96.

附录一　S镇乡村振兴投融资机制第一次调研提纲

第一部分　S镇基本情况调查

一、S镇基本资料收集

1. S镇简介。
2. 市政府有关S镇乡村振兴政策文件。
3. S镇乡村赋能发展情况介绍。
4. 进来了哪些外来企业，哪些加入了合作社。

二、合作社基本情况调查

1. 基本情况（依托单位、社员数、有无章程）。
2. 相关制度（决策机制、分配机制、监督机制、入社规定、退社规定）。

三、S镇乡村赋能有限公司基本情况调查

1. 基本情况（依托单位、出资情况）。
2. 相关制度（分配制度、监督机制）。

四、农户基本情况调查

1. 人口特征（文化程度、职业、留村还是外出务工）。

2. 是否参与乡村赋能工程。
3. 哪些资源加入了乡村赋能工程。
4. 收入情况或主要收入来源。
5. 实施乡村振兴战略后村庄土地闲置情况、利用率、主要用途。

第二部分 S镇访谈提纲

一、问村干部

1. 土地股权化、资产股份化、农村资源资本化带来的最大收益是什么？
2. 实行“三化”和“三换”过程中，有没有不配合或反悔的村民？是怎么解决的？
3. 什么样的村民土地入股可以优先？
4. S镇为什么要进行乡村赋能工程？这是怎样一个过程？
5. 有哪些关键性的人物推动了乡村赋能工程的实施？实施过程中存在哪些阻力？
6. 是如何动员村民加入工程的？村民的参与积极性是如何变化的？
7. 对乡村赋能工程取得的收益分配有没有什么规定？
8. 政府或村委会是如何协调村民、企业和政府之间的关系的？
9. 乡村赋能工程实施后，为S镇做了哪些事情，带来了哪些变化，取得了哪些成效？
10. 乡村赋能工程有没有什么激励措施？
11. 组织村民进行合作是一件不容易的事情，你们是怎样实现的？S镇目前引进了哪些企业？这些企业与合作社之间有什么关系？
12. 为什么要选择北京EY科技有限公司？该公司投资的农村电商项目效果怎么样？为S镇带来了哪些活力？

二、问村民

1. 您加入合作社的原因是什么？是您自愿加入的吗？加入合作社有要求吗？
2. 你们村的合作社每年都会分红吗？您感觉怎样？
3. 合作社的重大决定会请你们参加吗？您觉得你们说了算吗？是开会投票还是直接通知你们？

4. 有的村民不愿意加入合作社，您怎么看？理由是什么？

5. 你们家的土地有没有进行“三化”实践？（三化：承包土地股权化、集体资产股份化、农村资源资本化）

6. 你们家的土地有没有进行“三换”实践？（三换：退地换现金、退地换股份、退地换保障）促使你们进行“三换”的原因是什么？

7. 如果村庄道路建设占了您家的土地，您怎么办？（考察村民是否团结）

8. 外来企业租您的土地或者房屋了吗？您放心交给它们吗？租金合理吗？

9. 对于你们镇的乡村振兴建设，您有什么改进的建议吗？或者您觉得你们这里最与众不同的助农措施是什么？

10. 您觉得你们村改变大不大，表现在哪些方面？

11. 您加入乡村赋能工程了吗？对于电商平台您了解吗？您是怎样学习的？

12. 通过电商平台销售农产品对您的生活产生了哪些影响？

13. 您觉得乡村赋能工程的收益分配方式合理吗？

14. 村中对你们有任务要求吗？合理吗？

三、问外来企业

1. 您为什么选择 S 镇？这个村庄最吸引您的地方在哪？

2. 这个村庄有没有给您什么优惠政策、激励措施？

3. 您是直接与单个农民打交道吗？是通过合作社还是乡村赋能有限公司？您觉得哪一种更好？

4. 合作社给您来这边创业提供了哪些方便和保障？

5. 如果村民突然涨租金或是撕毁合约，您怎么办？

6. 您加入了 S 镇的合作社了吗？为什么加入？/为什么不加入？

7. 您是如何处理与村民的关系的？如何处理与村民之间的矛盾的？

附录二　S镇乡村振兴投融资机制第二次调研提纲

一、问村干部

1. 土地的流转是通过合作社进行的，这是你们成立合作社的主要目的吗？你们成立合作社的主要目的是什么？
2. 合作社成立后，主要做了哪些事情？
3. 土地流转的过程中，村民是否配合？不配合的话，你们是怎么解决的？
4. 对于合作社的成立，政府在哪些方面提供了支持？
5. 土地入股等农民的具体收益是按照什么计算的？有没有对此不满意的村民？
6. 农地入股的利益分配是按照什么比例分配的？上限是多少？
7. 成立乡村赋能有限公司，介入的主要有哪些人？是不是当地村民？
8. 镇上乡村建设资金主要包括哪些部分？银行会主动支持你们吗？
9. 政府下发了涉农资金，具体用途有哪些？
10. 乡村赋能工程具体盈利点在哪里？是如何为村民服务的？
11. 像这种“我为S镇代言”“乡贤文化节”是谁提出举办的？反响如何？
12. 到目前，您觉得整个村子有没有实现乡村振兴？是否达到了预期效果？

二、问外来企业

1. 会考虑将在村子中占有的资源售出吗？如由国企等大单位来接管。
2. 起初公司来这边发展新业务，有没有成形的规划设计？
3. 目前给公司带来的影响有哪些？是否会考虑从镇级向市级推动？
4. 村民们给您的印象如何？
5. 到目前，您觉得整个村子有没有实现乡村振兴？是否达到了预期效果？

附录三　乡村振兴项目跟踪审计现状调查问卷

感谢您在百忙之中抽出几分钟时间来参加此次问卷调查，本问卷主要针对乡村振兴背景下的乡村振兴项目跟踪审计现状进行调查。

1. 您是否为内部审计人员？（单选题，必答）（1~13 题，事务所人员视同乡村振兴项目工作人员）

○ 是

○ 否

2. 贵单位是否负责 LXG 项目的建设？（单选题，必答）

○ 是

○ 否

3. 您的岗位？（单选题，必答）

○ 总经理

○ 副总经理

○ 财务人员

○ 内审人员

○ 法务人员

○ 其他

4. 贵单位是否为上市公司？（单选题，必答）

○ 是

○ 否

5. 贵单位的员工总数是多少？（单选题，必答）

○ 少于 100 人

○ 100~500 人

○ 500 人以上

6. 贵单位审计工作是否执行内部审计准则？（单选题，必答）
○ 全部执行
○ 部分执行
○ 没有执行
7. 贵单位对内审人员最低学历要求？（单选题，必答）
○ 大专及以下
○ 本科
○ 研究生
8. 贵单位的内部审计人员在参加最高教育时所学的专业？（单选题，必答）
○ 财会审计类
○ 金融经济类
○ 理工类
○ 其他
9. 贵单位的内部审计人员数量是多少？（单选题，必答）
○ 2 人以下
○ 2~5 人
○ 5 人以上
10. 贵单位的内部审计人员是否取得从业资格？（单选题，必答）
○ 全部取得
○ 大部分人员取得
○ 少部分人员取得
○ 没人取得
11. 贵单位开展的内部审计内容有哪些？（多选题，必答）
□ 经济责任审计
□ 合同审计
□ 工程项目审计
□ 固定资产审计
□ 财务收支审计
12. 贵单位为内部审计人员开展培训的主要方式？（多选题，必答）
□ 公司业务
□ 信息系统计算机
□ 内部审计技术与方法
□ 风险管理
□ 内部控制

13. 贵单位是否重视审计结果？（单选题，必答）

○ 重视

○ 一般重视

○ 不重视

14. 贵单位是否负责建设乡村振兴项目？（单选题，必答）（此题开始，事务所人员不作答）

○ 是

○ 否

15. 贵单位对乡村振兴项目开展审计工作一般属于？（单选题，必答）

○ 事后审计

○ 以事后审计为主，部分业务前移到事中审计

○ 事后、事中、事前审计同时做

16. 贵单位开展乡村振兴项目审计工作的主要模式是？（单选题，必答）

○ 账项基础审计

○ 制度基础审计

○ 风险导向审计

○ 多种方法交叉使用

17. 贵单位对乡村振兴项目的跟踪审计制度是否完整？（单选题，必答）

○ 完整

○ 较为完整

○ 不完整

18. 贵单位对乡村振兴项目进行初步风险识别吗？（单选题，必答）

○ 进行

○ 有时进行

○ 不进行

19. 目前跟踪审计公司项目的相关人员经验丰富，对业务流程非常了解。（单选题，必答）

○ 赞同

○ 一般赞同

○ 不赞同

20. 您认为制约贵单位跟踪审计业务发展的主要因素是？（多选题，必答）

□ 领导重视不够

□ 内审部门机构设置不合理

□ 内审人员专业技能不足

21. 贵单位在乡村振兴项目开展过程中，对单位各部门的影响持续跟进。（单选题，必答）

○ 赞同

○ 一般赞同

○ 不赞同

22. 单位未对乡村振兴项目开展风险导向审计，您认为主要的原因是什么？（多选题，必答）

□ 传统审计所占比重较大

□ 行业需求不明显

□ 内审人员风险意识淡薄

附录四　基于风险导向的LXG项目跟踪审计调研提纲

第一部分　LXG项目基本情况调查

一、LXG项目基本资料收集

1. LXG项目简介。
2. LXG建设情况。
3. 项目的主要资金来源、资金分配状况。
4. 项目建设过程中存在的主要障碍。
5. 项目审计过程相关资料。

二、TC公司基本情况调查

1. 基本情况（组织架构、章程设定、股金总额、出资状况、运营状况）。
2. 相关制度（决策制度、分配制度、内审制度、监督制度）。

第二部分　LXG项目访谈提纲

一、询问TC公司主要负责人

1. TC公司的主要经营范围有哪些？主要负责的乡村振兴项目有哪些？
2. LXG项目在建设过程中有没有阻力？村民是否积极参与配合项目的建设？

3. LXG 项目的建设为当地村民带来哪些改变？取得了什么成效？
4. LXG 项目在建设过程中，如果与村民存在利益冲突，如何解决冲突？
5. 邀请了哪些机构对 LXG 项目的建设过程进行监管？
6. LXG 项目在规划建设过程中存在的主要问题有哪些？
7. 您觉得乡村振兴项目在建设过程中需要在哪些方面改进？
8. LXG 项目已经完成的部分，为村民的收入、就业、生活带来哪些改变？

二、询问内审人员（财务人员）

1. 公司内部的审计人员数量是多少？是否邀请第三方审计机构？
2. 公司内审人员的专业、职称如何？之前大型项目的跟踪审计经验如何？
3. 内审人员与第三方审计机构具体的合作关系是怎样的？
4. 内审人员将 LXG 项目的跟踪审计主要分为几个阶段？
5. 项目决策阶段的审计工作具体是如何展开的？主要面临的风险有哪些？
6. 项目设计阶段的审计工作具体是如何展开的？主要面临的风险有哪些？
7. 项目招投标阶段的审计工作是如何展开的？招投标程序具体是如何开展的？
8. 项目施工阶段的审计工作是如何展开的？施工阶段存在的主要难点有哪些？
9. 项目竣工阶段的审计工作是如何展开的？竣工时资金管理、在建工程结转的情况如何？
10. 内审人员是否都能积极参与到项目建设的每一个阶段中？主要的工作障碍有哪些？

三、询问第三方审计机构

1. 第三方审计机构主要有多少人？审计人员的主要职称、专业等如何？
2. 第三方审计机构是否因为内审人员的存在而独立性受到影响？
3. 第三方审计机构与内审人员是如何分配审计工作的？
4. 当内审人员与第三方审计机构的审计意见不一致时，是如何协调一致的？
5. 如果内审人员在跟踪审计过程中占主导，那么第三方审计机构具体负责的工作有哪些？
6. 分析性复核、项目管理过程中存在的风险等类似的复杂又深入的工作是否全部由内审人员负责？

后　记

中国的乡村振兴关系中华民族的伟大复兴，每一个中国人都有责任去探索、去推动、去执行这项艰巨的任务。本书研究团队作为中国的一个小分子，试图为中国乡村振兴的研究做出一点贡献。

多少个夜晚，翻阅书籍，查阅资料，构建理论分析框架；多少个白天，到田间地头、到项目基地、到政府部门，走访调研，获取案例资料；多少次会议，论证理论分析的逻辑性、调查访谈的可行性、研究结果的可靠性。九百多天的努力，终于要为本研究画上句号了。

本书是团队努力的成果，由王俊韡设计研究主题、研究思路与结构框架，由王朝霞策划调研方案、联络各方工作人员并带队调查，由乔月、孙艺源整理初稿资料，由王俊韡和王朝霞反复修改，最后由王俊韡统纂全稿。

感谢济南市安丘商会秘书长张华先生和副秘书长王明志先生，感谢他们为本研究联系A市政府、S镇政府、XT市政府及乡村振兴项目基地。感谢北京EY科技有限公司董事长和赋能工程项目策划总监；感谢山东省 A 市和 S 镇的政府人员、S镇赋能项目负责人、S镇试点村村委及村民；感谢山东省XT市政府人员、LXG项目董事长及LXG项目的工作人员。感谢他们的热情和开放，让我们团队获取了诸多内部资料。

特别感谢山东财经大学崔霞教授的精心指导和点评，为本书提出了诸多完善性建议。感谢“山东财经大学学术专著出版计划”和“山东省社会科学规划研究项目文丛·重点项目”（项目号：19BJCJ63）的资助，使本书得以付梓。

王俊韡

2021年5月20日于济南